樋口満雄［著］

場面別でわかる！

ミスと不正を防ぐ！

自治体契約事務のチェックポイント

JN017646

学陽書房

はじめに

　自治体契約事務をめぐっては、過去から現在にいたるまで、不正事件が多発しています。職員による予定価格の漏洩、最低制限価格の漏洩、契約事務に便宜を図る収賄、公金横領、利益供与などの事件は、官製談合防止法、地方公務員法など関係法令に違反し、市民の信頼を根底から裏切る行為で決して許されるものではありません。

　一方、法に抵触はしていないものの、契約事務の執行手続きにおいて、重大なミスが発生することもあります。例えば、入札会場で担当者の勘違いで落札者の宣言を間違えたようなケースです。

　一つの不正事件は、当該自治体の信頼性を根底から損なうとともに、再発防止策を講ずるなど、契約事務の停滞と多くの無駄な業務を発生させます。また、契約事務の事務的なミスは、不正を意図するものではないものの、事務の効率化を阻害し、事例によっては、その対応と再発防止に多大な時間とコストを生じさせます。そして、不正事件と同様に、当該自治体の信頼性を根底から損なうことにつながります。

　自治体職員は、業務の実施に当たって必要な物品を調達するとともに、工事や業務を外注することによって、効率、効果的な自治体サービスを提供しています。この調達すべき「モノ」や外注する「工事」「業務」によって、その契約手続きとチェックポイントが異なってきます。

　本書では、

○自治体契約制度からみたチェックポイントを概説しています。

○自治体契約事務の段階ごとにチェックポイントを明らかにしています。

○チェックポイントの特徴は、過去に発生した不正事件や重大なミスを防止する視点に絞っています。

○各自治体によって異なる例規等の内容を踏まえ、チェックの根拠となる例規等をできるだけ明示するように工夫しています。

○各章の巻末では、不正事件及び重大なミスの発生防止の参考となるよう、「事件File」と称して、近年発生した事件・事例を紹介しています。

　契約事務に伴う支払財源は、主として市民の税金です。したがって、契約事務では、競争性の確保を前提に、公平性・透明性を確保しなければなりません。そのためにも契約事務は、それぞれの手続きの段階で確実なチェックが行われ、信頼性のある契約事務を継続させなければなりません。

　契約事務に限らず、自治体業務に関わるチェックポイントは数多く存在します。しかし、職員体制や業務の効率化の観点からは、チェックのために多くの職員を割くわけにはいきません。したがって、業務のICT化などにより、確実に不正や事務的ミスの防止を図りつつ、ICT化では対応できない人為的な不正や事務の重大ミスの防止のために、どのようなチェックが必要かを検討し、事務の精度を高める努力が必要となります。

　契約をめぐる過去の不正事件、事務的ミスの検証からは、各手続きの段階で契約事務の確実なチェックが行われていれば、大半の事件は未然に防止できたと考えられます。

　ゆえに、契約事務の各段階において、実務担当者は確認すべきポイントを押さえ、さらに、事務決裁責任者が最終確認を実施する体制が整っていなければなりません。さらに、会計管理者の審査とともに、監査委員の監査機能との連携により、不正事件及び重大な事務的ミスの防止を図る必要があります。

　本書が自治体職員の実務能力の向上とともに、日常的な契約事務の効率性を高め、ミスの発生や不正の防止を図るための一助になることを願っています。

　令和3年4月1日

　　　　　　　　　　　　　　　　　　　　　　　　樋口満雄

【凡例】

〈法令略記〉	〈正式名〉
自治法	地方自治法（昭和 22 年法律第 67 号）
自治令	地方自治法施行令（昭和 22 年政令第 16 号）
自治規則	地方自治法施行規則（昭和 22 年内務省令第 29 号）
入契法	公共工事の入札及び契約の適正化の促進に関する法律（平成 12 年法律第 127 号）
入契法施行令	公共工事の入札及び契約の適正化の促進に関する法律施行令（平成 13 年政令第 34 号）
適正化指針	公共工事の入札及び契約の適正化を図るための措置に関する指針（令和元年 10 月一部変更・閣議決定）
品確法	公共工事の品質確保の促進に関する法律（平成 17 年法律第 18 号）
労働者派遣法	労働者派遣事業の適正な運営の確保及び派遣労働者の保護等に関する法律（昭和 60 年法律第 88 号）
支払遅延防止法	政府契約の支払遅延防止等に関する法律（昭和 24 年法律第 256 号）
官製談合防止法	入札談合等関与行為の排除及び防止並びに職員による入札等の公正を害すべき行為の処罰に関する法律（平成 14 年法律第 101 号）
独占禁止法	私的独占の禁止及び公正取引の確保に関する法律（昭和 22 年法律第 54 号）
暴力団対策法	暴力団員による不当な行為の防止等に関する法律（平成 3 年法律第 77 号）

第1部

7つの基本ルールから見た チェックポイント

７つの基本ルールを知る

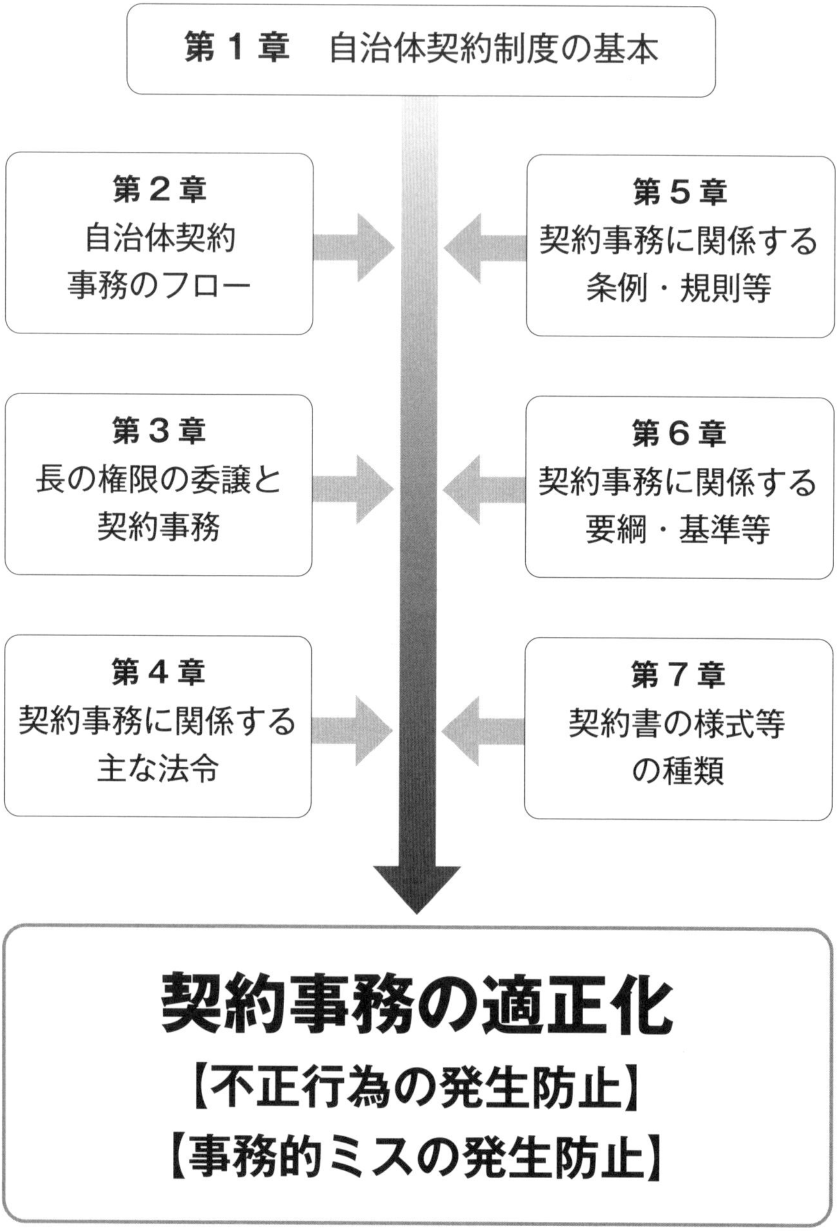

第1章　自治体契約制度の基本

第2章
自治体契約
事務のフロー

第5章
契約事務に関係する
条例・規則等

第3章
長の権限の委譲と
契約事務

第6章
契約事務に関係する
要綱・基準等

第4章
契約事務に関係する
主な法令

第7章
契約書の様式等
の種類

契約事務の適正化
【不正行為の発生防止】
【事務的ミスの発生防止】

第1章

自治体契約制度の基本

1 行政法における「契約」

■ 基本ルール ●┄┄┄┄┄┄┄┄┄┄┄┄┄┄┄┄┄┄┄┄┄┄┄┄┄┄┄┄●

◇自治体契約の位置付けについて、その機能と役割を行政法の視点から確認し、自治体契約事務の性格を把握しておく必要がある。

◇自治体契約は行政活動の一つであるが、行政処分と異なって、公権力の行使を伴わないのが基本的特徴である。

◉行政法の範囲と行政契約

○自治体の業務に適用される法の範囲は、「行政法」として整理されている。行政法は行政に関する法律の集まりであり、国の法律（約2,000）のうち約600が関係するといわれている。

○行政法の分類は、①行政組織に関する分野、②行政作用に関する分野、③行政救済に関する分野に整理されている。自治体の契約は、行政法の分野のうち、②行政作用に関する分野に位置付けられる。

◉行政契約は「行政作用に関する分野」に分類

○行政作用に関する分野は、①行政立法、②行政計画、③行政行為、④行政強制、⑤行政罰、⑥行政契約、⑦行政指導に分類され、日常の行政活動の基本となっている。

■ ここが実務の CHECK・POINT ●┄┄┄┄┄┄┄┄┄┄┄┄┄┄┄┄┄┄┄┄┄●

1. 行政契約の背景にある法律の体系とともに、自治体の権限を意識することで契約事務の適正化を図ることができる。

2. 行政契約は、行政作用に関する他の分野、特に行政立法、行政計画、行政指導と密接な関係がある。ここに留意することで、透明性のある契約制度を確立することができる。

3. 不正の防止の観点からは、行政組織に関する分野が関係する（右頁（◉行政法の分類）参照）。権限の集中を回避することで、不正の発生しない組織体制を確立することができる。

●行政法の分類

1.行政組織に関する分野	行政組織法	行政の組織について書かれた法律の集まりである。内閣法、国家行政組織法、国家公務員法、地方自治法、地方公務員法などの法律は、この分野に分類される。
2.行政の活動に関する分野	行政作用法	行政の活動について書かれた法律の集まりである。地方自治法をはじめ、例えば、「緊急事態宣言について」とか、「生活保護の支給について」などの法律は、この分野に分類される。数も多い。
3.国民の救済に関する分野	行政救済法	国民の救済について書かれた法律の集まりである。国家賠償法、行政不服審査法、行政事件訴訟法は、この分野に分類される。

●行政作用法の体系

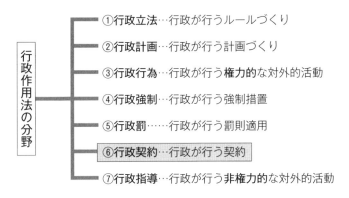

行政作用法の分野

- ①行政立法…行政が行うルールづくり
- ②行政計画…行政が行う計画づくり
- ③行政行為…行政が行う**権力的**な対外的活動
- ④行政強制…行政が行う強制措置
- ⑤行政罰……行政が行う罰則適用
- ⑥行政契約…行政が行う契約
- ⑦行政指導…行政が行う**非権力的**な対外的活動

ココに注意！ 「契約関係の法令は全組織に共通する」

職員は、3～5年ごとの定期的な人事異動により、業務の分担が変化します。各職場には、業務に関係する法令があり、これが職員の仕事の「よりどころ」になっています。一方、契約事務は、どの職場でも発生する共通事務ですから、契約事務に関する関係法令等の考え方と実務を学ぶことは、将来の行政経営を担う職員にとって大きな力になります。

2 自治体公共契約における「契約」

◇公共契約は、広く行政目的を達成するために締結される契約である。

◇公共契約は、「公法上の契約」と「私法上の契約」に分類できる。

◇公法上の契約は、行政主体間の契約など限定的である。

◇自治体の契約事務では、私法上の契約が大半を占め、これらは行政サービスの提供などには欠かせない事務となっている。

●自治体契約の役割

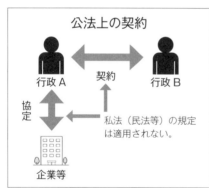

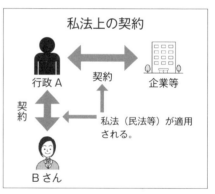

ここが実務の CHECK・POINT

1. 公法上の契約と私法上の契約では、根拠法令が異なるので、順守すべき根拠法令を明確にすることで、契約上のトラブルを防止できる。

2. 私法上の契約において不正事件や事務的なミスが発生していることから、「行政活動のための契約」「財産管理のための契約」の適正化に力点を置くことで、契約事務全体の信頼性を高めることができる。

3. 私法上の契約の基本は、対等性による契約締結である。行政の権力性や優位性を排除した契約制度の確立が、不正の防止対策につながる。

●公法上の契約とは

○行政主体が公法上の手段として契約を結ぶ行為である。公益を目的とし、公益を実現するための契約なので私法規定は適用されない。

①規制行政における契約の事例	②行政主体間での契約の事例
◇公害防止協定	◇地方公共団体の事務の委託（自治法第252条の14）
◇建築協定（建築基準法69条）	◇歳入の徴収または収納委託（自治令第158条）
◇緑地協定（都市緑地法45条）	◇費用負担の協議（道路法第54条、河川法第11条等）

●私法上の契約とは

○自治法第234条第1項の「売買、賃貸、請負、その他の契約」は、民法に定める契約のうち、有償、双務契約を原則としている。
○行政と私人との間の契約で、行政が私人と同じ立場で締結する契約である。私人と同じ立場で取引するため、私法の規定が適用される。
○自治体が優越的立場を表に出した行政主体として契約するのではなく、財産権の主体として、私人と対等の立場で締結するものであるから、民法その他の私法によって規律される。

①行政活動のための契約の事例	行政活動を行うにあたって、必要な物的手段を準備する行為としての契約である。物品納入契約、公共事業の請負契約、業務委託契約、公共用地買収契約などがある。
②財産管理のための契約の事例	普通財産の売却や貸付契約などがある。
③給付行政における契約の事例	公共施設（公営住宅、公民館など）の利用契約、公共企業（上下水道、電気）の利用契約、補助金交付決定などがある（自治体の補助金等の交付は民法の贈与契約にあたる）。

■ココに注意！ 「特別定額給付金と契約の関係」

令和2年4月、新型コロナ対策で「特別定額給付金」が創設されました。国民1人あたり10万円の給付で、実施主体は市区町村になりましたが、この給付金、実は、民法第549条に定める「贈与契約」としての法的性格を有します。この法的根拠が、実務に影響し、給付を「受ける・受けない」のチェック項目になっていました。
つまり、贈与を受けるか受けないかという意味なんですね。このように、制度の法的性格を前提にした仕組みづくりが、正確で迅速な事務処理を実現することにつながります。

3 地方自治法における「契約」

基本ルール ●‥‥‥‥‥‥‥‥‥‥‥‥‥‥‥‥‥‥‥‥‥‥‥●

◇自治体の契約及び民間契約は、一般法としての民法の基本原則が適用され、自治体契約は、個別法としての地方自治法の制約を受ける。

◇自治体契約事務の執行にあたっては、その公平性、透明性が確保されるとともに、最少経費最大効果の原則を踏まえなければならない。

◇自治体契約は、一般競争入札を原則としている。特例として、「指名競争入札」「随意契約」「せり売り」があり、予算確保の特例として、長期継続契約が認められている。

◇自治体契約には議決が必要な契約があり、議会の関与を受ける。

●地方自治法の契約　自治法第234条・第234条の2

●議決の必要な契約

自治法第96条第1項第5号・8号　自治令第121の2第1項・2項（別表3・4）

区　分		県	政令市	市	町村
工事又は製造の請負		5億円以上	3億円以上	1.5億円以上	0.5億円以上
動産・不動産、不動産信託の受益権の買入・売払	土地面積	2万㎡以上	1万㎡以上	5千㎡以上	
	金　　額	7千万円以上	4千万円以上	2千万円以上	7百万円以上

●最少の経費最大の効果の原則　自治法第2条第14項

地方公共団体は、その事務を処理するに当つては、住民の福祉の増進に努めるとともに、最少の経費で最大の効果を挙げるようにしなければならない。

ここが実務の CHECK・POINT ●‥‥‥‥‥‥‥‥‥‥‥‥‥‥‥‥‥●

1. 自治体契約は民法の基本原則とともに、自治体固有の制約を理解することで、不正の防止につながる。

2. 契約の締結にあたっては、議決の必要な契約に留意する。

●契約の根拠法

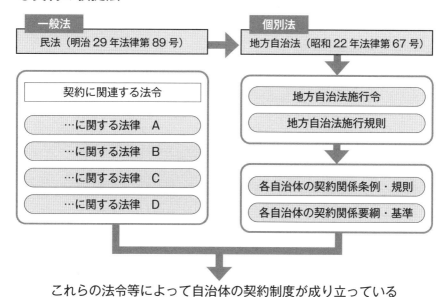

これらの法令等によって自治体の契約制度が成り立っている

●特殊な契約　【政府調達協定（WTO協定）】都道府県、指定都市及び中核市

地方公共団体の物品等又は特定役務の調達手続の特例を定める政令
（平成7年政令第372号、最終改正平成30年12月27日政令第353号）

地方公共団体が締結する契約（動産及び著作権法に規定する物品等並びにWTO協定及び改正協定に掲げられている役務又は建設工事）のうち、その予定価格が下記の区分に応じ定められた額以上のもの（特例政令第2条、特例政令第3条、令和2年1月24日付け総務省告示第9号）。

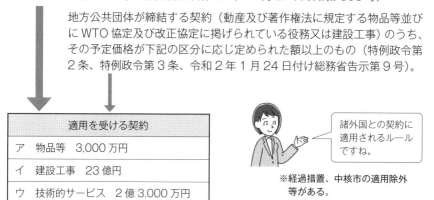

適用を受ける契約	
ア	物品等　3,000万円
イ	建設工事　23億円
ウ	技術的サービス　2億3,000万円
エ	その他のサービス 3,000万円

契約金額は令和2年4月1日～令和4年3月31日までの契約に適用。

諸外国との契約に適用されるルールですね。

※経過措置、中核市の適用除外等がある。

4 自治体契約の基本原則

◇自治体の契約は、行政経営には欠かせない実務となっている。

◇自治体の活動は、①行政処分、②行政契約、③その他に大別できる。

◇上記のうち、実務的には②行政契約の占める割合が非常に高い。

◇自治体契約は、その財源の大半が市民の税であるから、競争性を基本とし、公平性・透明性・経済性の確保が基本となる。

●自治体契約の役割

自治体契約の相手方は、行政サービスの「担い手」であることが特徴である。

◇法的拘束力をもつ。
◇契約違反は法的措置の対象になる。

合意性	法的拘束力	義務違反
合意内容は契約書に明記される	有	法的な強制力・損害賠償の対象になる

●契約と行政処分の違い

	合意性	法的拘束力	義務違反
行政処分	一方的な判断(※)	有	法的な強制力・罰則もある
契約	双方の合意	有	法的な強制力・損害賠償の対象になる

※飲食店の営業許可など当事者の申請に基づくものもある。(当事者の同意による行政処分)

1. 競争性のある契約制度は一般競争入札であり、この原点に戻った契約制度全体の検証を行うことで不正防止につながる。

2. 指名競争入札においては、恣意的な指名が行われないよう指名基準を公開するとともに、選定プロセスの透明性を図ることが不正の防止につながる。

3. 随意契約の運用過程で不正事件が多発していることに注目し、見積合わせ(小規模随意契約)を含む随意契約全体の運用ガイドラインを確立する必要がある。

●自治体活動の分類

行政経営	行政処分	◇許認可、税の賦課徴収、税等の滞納処分など
	行政契約	◇市民サービスの提供に必要な「モノ」を調達する手続き
	その他	◇計画づくり、内部管理事務など

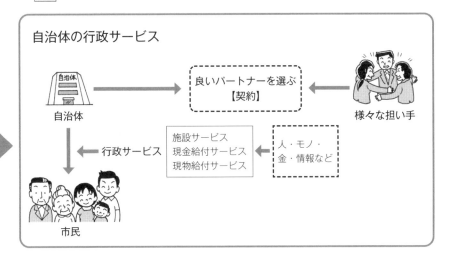

自治体の行政サービス

●自治体契約の基本ルール

競争性	行政契約は、その目的と役割の重要性から、すべての契約について、競争性を前提とした手続きでなければならない。契約の履行の結果、公金の支出が伴い、その公金の原資は市民の税金だからである。
公平性	行政契約は、入札等に参加する事業者等に、公平にその機会を提供する必要がある。そのための参加基準も公平に定める必要がある。
透明性	行政契約は、競争性及び公平性が必要なことから、様々な契約ルールの制定、それを執行するプロセス、さらには、契約結果や契約の履行等について、公開を基本としなければならない。
経済性	行政契約は、市民の負担した税の使い方そのものである。したがって、税の効率的執行の観点から経済性が求められる。経済性は、「安かろう悪かろう」ではなく、「良いものを適正な価格で調達する」ことが必要である。

5 契約自由の原則とその制約

基本ルール

◇民間契約及び自治体契約は、契約自由の原則が適用される。

◇契約自由の原則には、大きく四つの柱がある。それは、①締結の自由、②相手方選択の自由、③契約内容の自由、④契約方式の自由である。

◇契約自由の原則には、一般的な制約があり、いくら自由といっても、公序良俗に反するような契約は認められない。

◇自治体契約には、行政固有の制約がある。

●民法全体の基本原理・原則

①権利能力平等の原則	②所有権絶対の原則	③私的自治の原則
すべての人（自然人）は、生まれながら平等に権利能力を有する。	人が物を所有することは絶対であるとして、私的所有権を認め、国家や他人がこれに干渉することはできない。	私的な法律関係（権利の取得や義務の負担）については、個人の自由意思に基づいてのみ決定することができる。

民間契約も自治体契約も、この原則が適用されます。でも制約があるんですね。

法律行為自由の原則

契約自由の原則

ここが実務の CHECK・POINT

1. 自治体契約をめぐる不正事件、不適切契約は、契約自由の原則のうち、自治体固有の制約に抵触するものが多い。

2. したがって、自治体固有の制約を順守する仕組みづくりが、不正の防止対策になる。

3. 特に不正事件は、契約の相手方自由の原則の制約に抵触し、何らかの手段を用い、恣意的に契約の相手方に落札させる手口が圧倒的に多い。

4. そのチェックのためには、契約手続きのそれぞれの段階において、相手方選定の仕組みを確認する必要がある。

●契約自由の原則

原則	内容説明
①締結自由の原則	契約自体を締結するか締結しないかを自由に決定できる原則
②相手方選択自由の原則	契約の相手方を自由に決定できる原則
③契約内容自由の原則	契約内容を自由に決定できる原則
④契約方法自由の原則	口頭によるか書面によるかなど、契約の方法を自由に決定できる原則

制約がある。

①契約締結自由の制約

電気・上下水道の契約、病院の診療など公益性等のある場合は、契約を拒否できない。ただし、感染症などの患者の診療を制約するなど、正当な理由があるときは契約を拒否することができる。

②契約内容自由の制約

電気・ガス・上下水道料金などは、画一的な条件によって契約しなければならない。利息制限法による上限金利の制限も契約内容自由の制約に該当する。

③契約方式自由の制約

書面でなければ効力の生じない契約もある。例えば、定期借地権の設定契約は、借地借家法の規定により「公正証書」の作成が必要である。

▶さらに 自治体固有の制約がある

自治体は、公平性・公正性の確保の点から、ルールに基づき競争の原理により契約の相手方を決定する必要がある。

①契約の相手方選択の自由に対する制約	②契約方式の自由に対する制約
自治体の契約は公平性の観点から、契約の相手方を自由に選ぶことはできない。さらに、経済性の観点から、自治体に有利な価格を提示した相手方と契約を締結するのが基本となる。	自治体の長が相手方となり、契約書を作成、記名押印して契約が成立する。（自治法第234条第5項）※電子契約の場合を除く

原則	一般競争入札		例外	①指名競争入札
				②随意契約
				③せり売り

予算編成で1桁誤入力、差額は1億円。当初予算は成立する

　K県N町において、令和2（2020）年度一般会計当初予算の予算計上で大きなミスが発生した。記載ミスの内容は、幼児教育無償化で民間幼稚園4園に支払われる施設等利用費（歳出）で発生した。予算編成システムに入力する際、事業費8,406万9千円を846万9千円と桁違いで入力した。国の2分の1負担金（歳入）も4,203万4千円とすべきところを403万4千円と入力した。

　4月に国への交付申請する際、誤りに気付いたという。いったんは誤った数字のまま申請せざるを得ず、「5月分の支払いで財源が不足する」事態となった。

　町は2020年4月14日に臨時会を招集し、修正予算案を提出した。全会一致で可決されたものの、歳入と歳出で計1億1千万円の差額が生じ、財源不足は財政調整基金を取崩し対応した上で、改めて国に交付申請の訂正も行うとのことである。

　この事務的ミスは、単純な事務的ミスで片付けられない要素を含んでいる。直接、契約事務には関係ないが、同種のミスが発生しないよう教訓とすべきである。

　ミスは単純な人為的ミスであり、この種のミスは自治体では非常に多く発生している。しかし、単純な人為的ミスと言っても、ミスの内容によっては、その修復には大きな違いが生ずる。本件の場合、金額の大きさとともに、議会の議決を必要とする予算の中身で発生していることが特徴である。

　仮に、入力時に間違いを発見し修正していれば、予算編成全体の調整では、財源不足の約1億円の財源捻出にいくつかの選択肢があったはずである。他の支出を抑えるなどの検討ができたが、補正予算では、基金の取崩しという選択肢しかないことになる。単純ミスが財政運営全体に影響を与えたのである。さらに、予算の議決権を有する議会は、この間違いを発見できなかったとコメントしているが、議員からは「議会にも責任はあるが前代未聞のミス。町民へ説明をすべきだ」と憤ったとの新聞記事がある。議会としての本音の部分が見え隠れする。

　このようなミスは、事務的なミスとして多くの自治体で発生する可能性はある。また、発生防止の対策として、前年度予算との比較を実施していれば、大きな金額の桁違いは簡単に発見できたと考えられる。予算編成事務について、基本プロセスに問題がありそうな事件である。

※桁違いの発見方法…計数が合わないとき、合致しない数字を9で割り、割り切れる場合は、桁違いの可能性があります。例えば、180円金額が合わない場合、180÷9＝20ですから、200円と20円の入力間違いの可能性があると判断します。IT化が進んだ現在は活用の機会が減りました。

第2章

自治体契約事務のフロー

1 契約事務の全体フロー

基本ルール ....●

◇自治体契約は、行政サービスの提供に必要なものを調達する手続きであり、行政サービスの内容によって調達物が変化する。さらに調達物によって契約方法が異なる。

◇自治体契約は、競争性の確保を前提に、公平性・効率性を基本に、契約手続きのプロセスの透明性が確保されていなければならない。

●契約方法の選択肢の留意事項

①一般競争入札	公平性・客観性を担保すること。 制限付き一般競争入札なども検討すること。
②指名競争入札	指名基準に基づくものであること。 公平性・客観性を担保すること。
③随意契約	自治令など根拠法令の条文を特定すること。 随意契約の理由を明確にすること。
④プロポーザル方式	特別な選定委員会を設置すること。 選定基準を明確にし公募を原則とすること。
⑤主管課契約（見積合わせ）	決裁規程による権限の範囲を超えないこと。 公平性・客観性を担保すること。
⑥長期継続契約	自治令及び条例の範囲に限定すること。 できるだけ債務負担行為を活用すること。

ここが実務の CHECK・POINT ....●

1. 競争性、公平性、透明性、経済性が担保された契約手法が選択されているかどうかを確認することで、契約事務の適正化が図れる。

2. 契約権限の委譲との関係で、随意契約のできる範囲、見積合わせ（小規模随意契約）のできる範囲については、特にその内容を確認し、契約事務の適正化を図る必要がある。

3. 恣意的な指名が行われていないか確認をすることが必要である。

4. 入札参加資格の制限について、恣意的な判断が働いていないか確認することで、不正の防止につながる。

●契約事務の基本フロー

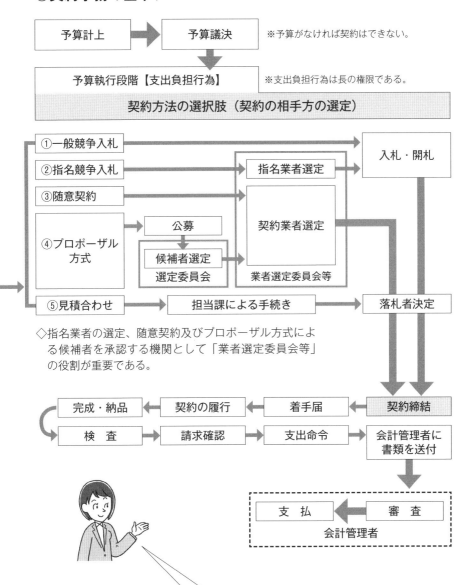

◇指名業者の選定、随意契約及びプロポーザル方式による候補者を承認する機関として「業者選定委員会等」の役割が重要である。

調達するもの（公共工事・物品・消耗品・設計書・電算システムなど）の特性を判断し、一番適した契約方法を選定することが必要ですね。指名基準や業者選定委員会設置規則、事務決裁規程も関係してきますから、慎重に確認しましょう。

2 契約行為の前に予算を確保

◇契約行為は、予算の執行手続きである「支出負担行為」そのものである。

◇予算は、議会の議決をもって、長に予算の執行権が付与される。

◇議決が必要な予算は、歳入歳出予算だけではなく、7種類あり、直接関係する予算は、歳出予算、継続費、債務負担行為、繰越明許費である。

◇自治体契約は、事業の継続性などから単年度契約だけでなく、複数年度契約の選択が有効な場合がある。

◇大型の公共事業については、計画年度が複数年度にわたり、必然的に複数年度予算の確保がなければ契約できないこととなる。

◇公共工事の発注については、工期の平準化を図る必要性から、複数年度にわたる契約を選択する場合がある。

◇長期継続契約は、複数年度にわたる契約であるが、予算が確保されていない場合でも契約は可能である。ただし、議会が歳出予算を減額又は削除した場合、契約は解除となる。

●自治体契約は、予算の確保が必要

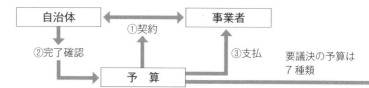

ここが実務の CHECK・POINT

1. 契約予定額は、予算の範囲で設定されていることを確認する。この範囲を超えると、予算の議決権を持つ議会の権限を侵害することになる。

2. 複数年度契約の場合、継続費又は債務負担行為を選択することに留意し、契約額のうち前払金は歳出予算に計上しておく必要がある。

3. 継続費の場合、消耗品、備品購入費を継続費の総額に含めるか確認する必要がある。含めた場合は、継続費逓次繰越の運用となる。

4. 長期継続契約は、限定的に運用し、できるだけ債務負担行為の設定により、予算を確保することに留意する。

●議決の必要な予算（自治法・自治令）

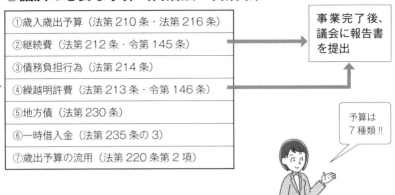

| ①歳入歳出予算（法第210条・法第216条） |
| ②継続費（法第212条・令第145条） |
| ③債務負担行為（法第214条） |
| ④繰越明許費（法第213条・令第146条） |
| ⑤地方債（法第230条） |
| ⑥一時借入金（法第235条の3） |
| ⑦歳出予算の流用（法第220条第2項） |

事業完了後、議会に報告書を提出

予算は7種類！！

●契約に関係する予算

区　分	予算	種　類	根拠規定（自治法）
通常の契約	確保	単年度の歳出予算による契約	第210条・第216条
複数年度の契約	確保	継続費による契約	第212条
		債務負担行為による契約	第214条
		繰越明許費による契約	第213条
	未確保	長期継続契約	第234条の3

●契約した事業を翌年度に繰越す時の留意点

年度内に事業が完了しなかった場合、①繰越明許費又は②事故繰越を選択する必要がある。繰越明許費は予算であるから、議会の議決を得て契約変更する。一方、事故繰越は長の権限で繰越すことができるため、繰越の理由に、議会開催の暇のないような緊急性が必要である。

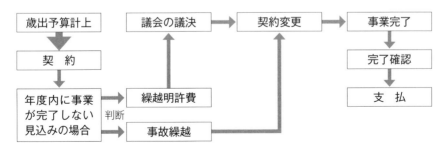

3 予算執行手続きと契約の締結

基本ルール

◇支出負担行為は、支出のもとになる原因そのものであるから、自治体のあらゆる組織で行われる契約行為は支出負担行為となる。

◇契約に関する予算には、歳出予算、継続費、債務負担行為があるが、実際の契約内容によって、予算の種類を選択することになる。

◇契約手続きは、①参加資格の確認、②競争入札、③落札、④契約締結を基本とし、契約手続きを進めるにあたっては、公平・公正でかつ経済的な契約方法を選択する必要がある。

◉予算執行手続きの流れ

※当初予算に計上してから、予算を執行するまで数か月が経過する場合がある。その間に大きな変化が起きる可能性もある。したがって、予算を執行する段階であらためて、契約方法等の再精査を行う必要がある。

ここが実務のCHECK・POINT

1. 支出負担行為は予算の議決の範囲であることが必要である。したがって、契約手続きの最初のチェックは、予算が確保され、予算に沿ったものかどうかを確認する必要がある。

2. 契約方法を選択する場合、決裁責任者は、その理由を明確にするとともに、あらためて公正・公平かつ経済的な方法であるか確認する必要がある。

3. 総合評価方式を採用する場合、特に評価基準の確認とともに、複数の参加確認など競争性の確保をチェックする必要がある。

4. 最大のチェックポイントは、予定価格、最低制限価格、低入札価格調査基準額である。適正な価格設定を確認するとともに、価格情報を知り得る職員の範囲を確認し、記録することで不正の防止対策になる。

5. 契約書の内容確認を行うことが必要である。工事契約など標準的な契約約款に基づくもの、その他の契約書についても、契約の合意事項を正確に確認しておくことが、後日のトラブル防止につながる。

●予算の内容と契約方法の選択

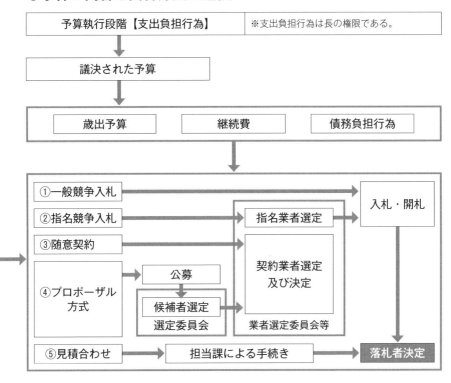

●落札者の決定にあたっての留意点

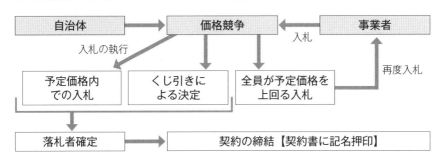

◇適正な予定価格の設定がされないと、不調の件数が増加する。
◇くじ引きは本来の姿ではないので減少させる工夫が必要である。
◇落札者の宣言を間違えた場合、その後の修正手続きが大きな負担になる。

4 契約の履行確認 （検査と検収）

基本ルール

◇契約に基づく公金の支出は、契約内容の履行を確認することが原則であり、その確認は、契約の種別によって方法が異なる。

◇契約内容の履行確認は、成果物のある場合とない場合がある。したがって、実態的な履行確認が必要であり、書類だけではなく、具体的な事実や成果物を実際に確認することが必要である。

◇公金の支出のうち、確定払は、①債権者（契約の相手方）に支払うこと、②金額（契約金額）が確定していること、③履行期日が到来（契約内容の履行）していることが必要である。

※自治体の検査事務規程等によって検査員の分類が異なる。

●成果物等による契約の履行確認 ※自治体によって検査ルールは異なる。

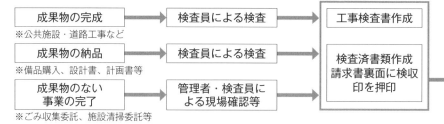

成果物の完成	→	検査員による検査	→	工事検査書作成
※公共施設・道路工事など				
成果物の納品	→	検査員による検査	→	検査済書類作成 請求書裏面に検収 印を押印
※備品購入、設計書、計画書等				
成果物のない 事業の完了	→	管理者・検査員に よる現場確認等	→	
※ごみ収集委託、施設清掃委託等				

ここが実務の CHECK・POINT

1. 契約の履行確認の基本は、契約書に定める期日、納期が守られているか、さらには、契約仕様書に違反していないかである。この点は厳重にチェックし、業者に便宜を図るようなことがあってはならない。

2. 工事の完了検査に手心を加え、見返りを求めた事件も発生していることから、検査員の適正配置、複数体制の検査、現場監督員の立ち合いなどを実施することが不正の防止につながる。

3. 保育園、学校などの給食材料の納品確認にあたっては、特に発注仕様書をもとに、アレルギー対応などに配慮し、製品指定などを厳格に確認することで事故防止につながる。

4. 「預り金」という手口の不正が報告されている。これを防止するため、備品購入費などは、決裁責任者の現物確認、検査員が作成した写真記録の確認など厳格なチェックが不正の防止につながる。

●契約の種別

条文は民法

種別	支出科目【節】	事例
請負契約（632条）	工事請負費	公共施設工事、道路工事等
	委託料	ごみ収集委託、庁舎清掃委託
委任契約（643条）	委託料	訴訟委託
準委任契約（656条）	委託料	文書管理委託、Wave管理委託
売買契約（555条）	公有財産購入費	道路用地買収
物品購入契約（555条）	需用費	消耗品購入
	原材料費	原材料購入
	備品購入費	机・椅子・PC購入
賃貸借契約（601条）	使用料及び賃借料	複写機、PCリース

※財産の売却の場合は、歳入に受け入れるので、履行確認は売買代金の入金確認である。

●支出科目別の履行確認の事例

支出科目【節】		契約の履行確認方法
需用費		消耗品、印刷製本物、給食材料、原材料、備品は現物の納品を確認する。書類は、請求書に検査員の検収印が押印されていることを確認する。
原材料費		
備品購入費		
工事請負費		工事竣工届けにより検査員が作成する工事完了検査書を確認する。
公有財産購入費		登記済みの権利書を確認する。
使用料及び賃借料		使用実態を確認するとともに、リース契約に基づく請求確認を行う。月間の使用実績をカウンターなどにより確認する。書類は、請求書に検査員の検収印が押印されていることを確認する。
委託料	成果物あり	設計書など納品物を確認する。書類は、請求書に検査員の検収印が押印されていることを確認する。
	成果物なし	清掃委託などは、完了届により確認する。訴訟委託は、裁判の判決の事実を確認する。書類は、請求書に検査員の検収印が押印されていることを確認する。

※検査員の履行確認印を検収印と表記。

5 契約代金の支払

基本ルール

◇不正防止対策の観点から、公金支出の権限と責任を持つ会計管理者の
　役割は重要であり、契約行為に関わる公金の支払にあたっては、契約
　に基づく成果物などの履行確認が基本である。

◇公金支出の原則は、確定払であり、支出の特例として、資金前渡、概
　算払、前金払、繰替払、隔地払、口座振替払が制度上認められている。

◇前金払制度は、契約内容の履行完了前に一定額を債権者に支払う制度
　であり、工事代金の前払金（中間前払金）がその典型例である。

◇公金の支払手続きには、長の権限に属する行為と会計管理者の権限に
　属する行為があり、長の権限は、支出負担行為と支出命令である。

◇会計管理者は、長の支出命令があっても、支出負担行為が予算及び法
　令等に違反していないかを確認しなければ支出してはならない。

●代金支払の流れ

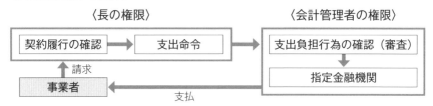

〈長の権限〉　　　　　　　　　　　　　〈会計管理者の権限〉

契約履行の確認 → 支出命令 → 支出負担行為の確認（審査）

請求　　　　　　　　　　　　　　　　　　指定金融機関

事業者　　　　　　　支払

ここが実務の CHECK・POINT

1. 契約事務に携る職員は、予算及び法令等にしたがって支出負担行為（契
　約事務）が行われたかを厳格にチェックする必要がある。

2. 契約内容の履行確認を行い、支出命令を行うことに留意する。

3. 会計管理者は、支出命令を受けた場合、支出負担行為の確認（審査）
　を行うが、ここのチェックが公金支出の最終段階であることから、特
　に不正防止及び事務的ミスの観点から厳格な審査を行う必要がある。

4. 過去の不正事件を検証すると、会計管理者の審査で発見できたと思わ
　れる事例もあり、その発生原因等を過去の事例から学ぶなど会計管理
　者の審査業務を厳格化することで不正の防止につながる。

●支出の特例の運用

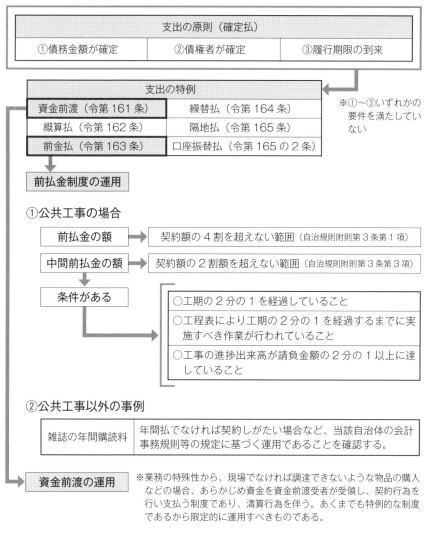

支出の原則（確定払）		
①債務金額が確定	②債権者が確定	③履行期限の到来

支出の特例	
資金前渡（令第161条）	繰替払（令第164条）
概算払（令第162条）	隔地払（令第165条）
前金払（令第163条）	口座振替払（令第165の2条）

※①～③いずれかの要件を満たしていない

前払金制度の運用

①公共工事の場合

| 前払金の額 | → | 契約額の4割を超えない範囲（自治規則附則第3条第1項） |

| 中間前払金の額 | → | 契約額の2割額を超えない範囲（自治規則附則第3条第3項） |

条件がある →

○工期の2分の1を経過していること

○工程表により工期の2分の1を経過するまでに実施すべき作業が行われていること

○工事の進捗出来高が請負金額の2分の1以上に達していること

②公共工事以外の事例

| 雑誌の年間購読料 | 年間払でなければ契約しがたい場合など、当該自治体の会計事務規則等の規定に基づく運用であることを確認する。 |

資金前渡の運用

※業務の特殊性から、現場でなければ調達できないような物品の購入などの場合、あらかじめ資金を資金前渡受者が受領し、契約行為を行い支払う制度であり、清算行為を伴う。あくまでも特例的な制度であるから限定的に運用すべきものである。

●支出の原則と特例

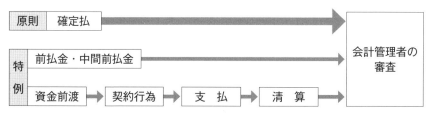

原則	確定払	→	会計管理者の審査
特例	前払金・中間前払金	→	
	資金前渡 → 契約行為 → 支　払 → 清　算	→	

6 監査の実施

◇監査委員の監査は、自治法に規定された「財務監査」と「行政監査」
　があり、不正事件及び重大なミスは、監査機能が十分機能していれば
　防止できたと思われる事例がある。

◇監査の内容は、「一般監査」と「特別監査」があり、公金の支払に関
　しては、会計管理者に対する例月出納検査がある。

◇監査の目的は、行政全体の経営の適正化であり、具体的には不正事件
　及び事務的ミスの発生しない組織体制を維持することにある。

◇市民の立場から、公金の支出に関して問題があると考えられる場合は、
　監査委員に対して住民監査請求を行うことができる。さらに、その結
　果に対しては、住民訴訟を提起できる。

●契約事務の適正化（不正の防止等）

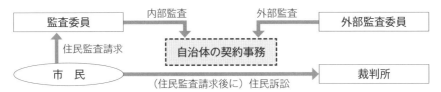

ここが実務の CHECK・POINT

1. 監査委員は、特に契約事務及び事務的ミスの発生防止に特化した監査
　を実施することで、不正事件の発生抑制につながる。

2. その際、過去の契約事務の不正事件の発生原因を学ぶことは、重要で
　あり、当該自治体の不正事件を未然に防止する効果がある。

3. 例えば、予定価格、最低制限価格の管理について、担当課から定期的
　に報告を求めるなどの対応は、官製談合等の発生の抑止力になる。

4. 随意契約（見積合わせを含む）に関する不正事件が多発していること
　から、随意契約に特化した監査は有効と考えられる。

5. プロポーザル方式による事業者の選定に関し、その審査基準及び採点
　方法、審査委員の選定方法についての監査も有効と考えられる。

6. 指名基準及び指名停止措置基準について、検証することも有効である。

●自治体の監査制度

〈長の権限に属する事務〉

監査委員	①監査【法第199条・職務権限】	①財務に関する事務の執行
	②報告書及び意見	②経営に係る事務の管理
	③措置を講じた場合の通知	

●自治体の外部監査制度 法第252条の27等（1998年10月1日施行）

【目的】
自治体の組織に属さない外部の専門的な知識を有する者による監査を導入することにより、自治体の監査機能の専門性・独立性の強化を図る。

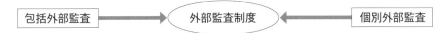

包括外部監査 → 外部監査制度 ← 個別外部監査

●不正事件の事例から検討すべき監査の視点

不正事件の分類	監査の視点
予定価格の漏洩	情報を知り得る職員の範囲の明確化 予定価格等の管理状況の定期報告
最低制限価格の漏洩	落札率の統計的分析と検証 職員の在職年数の確認
恣意的な指名	指名基準の検証 指名業者選定委員会等の運営状況の確認
恣意的な随意契約	随意契約実績確認【月別・担当課別】 随意契約の理由に関しての検証 見積合わせの契約手続きの検証 契約に関する権限の委譲状況の確認
プロポーザル方式の不正	プロポーザル方式の事業者選定基準の検証 点数付与方式の検証 事業者選定委員会のメンバー選定の検証
その他	指名停止措置基準の適正運営の検証 政治倫理条例、職員倫理条例の必要性の提言

市長と議長が官製談合防止法違反の容疑で逮捕される

　2017（平成29）年10月、S県A市において、環境関連施設の運転管理業務委託に関わって、現職の市長と市議会議長が、官製談合防止法違反で逮捕されるという前代未聞の事件が発生した。不正事件の中でも全国初めてのケースである。

　不正の手口は、業者からの要請を受けた議長が市長から情報を聞き出し、業者に情報を漏洩したもので、数十万円の金銭の授受があったようである。

　11月初旬には、市長及び議長が辞任し、公契約関係競売入札妨害などの罪及び受託収賄罪などの罪に問われ、翌年の3月には、元市長に懲役2年6月、執行猶予4年、追徴金60万円の有罪判決、元議長には、懲役2年6月、執行猶予4年、追徴金50万円の有罪判決が下され、これが確定した。

　市議会は、同年11月9日、異例の「信頼回復と再発防止に努めることを誓う決議」を行っている。

　その後、2018年に、この事件とは直接関係はないが、ブロック塀の修理工事をめぐり、職員二人（都市整備部の部長と次長）が懲戒処分（停職1か月と戒告）を受けるという事件が起きている。職員が元市長（逮捕された市長の前任の市長）の所有地のブロック塀を公費で修理したもので、元議長（逮捕された議長とは別人）の親族会社を通じて修理工事を発注していたとして、議会には、100条委員会が設置された事件である。

　この二つの事件からは、長と議会との関係、長と職員の関係におけるコンプライアンスの崩壊が見て取れる。予定価格を知る立場にあった行政の最高責任者が直接事件に関わったということで、行政事務の停滞が発生し、庁内の混乱は想像を絶するものであったと思う。この事件は、ごくまれな事例である。

　多くの自治体の不正防止対策は、公選された長は悪事を働かないことを前提に作られている。その意味でも、行政事務を正しく遂行してきた行政職員の信頼を裏切るものであった。この事件から教訓とすべきは、公選された長の行動に対してもチェック機能を持たせた不正防止対策が必要なことである。同時に、行政職員が長の命令に盲目的に従わなければならない組織風土、長や議会に忖度したり、便宜を図るような組織的な体質を変える努力が必要である。

　ちなみに、この市の職員倫理条例は、2020年3月に可決され、政治倫理条例は、同年10月に公布されている。

第3章

長の権限の委譲と契約事務

1 長の権限の委譲（代理と委任）

基本ルール

◇自治体の長は、当該自治体を統括し代表する。

◇長の担任する事務は、自治法第149条に規定され、この担任事務が長の職務権限とされる。

◇契約締結の権限は自治体の長の権限であり、自治法にその根拠がある。

◇自治体の財務会計制度では、支出負担行為は長の権限であり、契約行為は支出負担行為の大半を占める。

◇長の権限の移譲には、①代理、②委任、③補助執行がある。

●長の権限の委譲のパターン

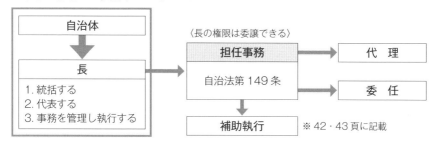

ここが実務の CHECK・POINT

1. 法定代理によって代理者が契約行為をする場合は、代理に関する明確な事実関係と公表された内容に基づくものであって、厳格な根拠の確認が必要である。

2. 任意代理によって、補助職員に代理させ、契約行為をする場合の事例は少ないと思われるが、この場合は、長の明確な意思表示と公表された内容に基づくものであって、厳格な根拠の確認が必要である。

3. 委任によって契約行為をする場合は、委任された内容を記載した書類又は規則によるものであって、委任されている範囲について厳格な確認が必要である。

4. 委任は、行政庁（教育委員会など）に対するものがほとんどで、規則に基づいている。一方、長の補助職員に契約事務を委任する事例はほとんどないと考えられる。

●長の担任事務（法第 149 条）に見る長の権限と責任

普通地方公共団体の長は、概ね左（下）に掲げる事務を担任する。
1 普通地方公共団体の議会の議決を経べき事件につきその議案を提出すること。
2 予算を調製し、及びこれを執行すること。
3 地方税を賦課徴収し、分担金、使用料、加入金又は手数料を徴収し、及び過料を科すること。
4 決算を普通地方公共団体の議会の認定に付すること。
5 会計を監督すること。
6 財産を取得し、管理し、及び処分すること。
7 公の施設を設置し、管理し、及び廃止すること。
8 証書及び公文書類を保管すること。
9 前各号に定めるものを除く外、当該普通地方公共団体の事務を執行すること。

▶契約事務は予算を執行することである

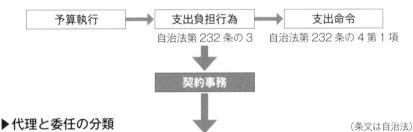

予算執行 ➡ 支出負担行為 ➡ 支出命令

自治法第 232 条の 3　　自治法第 232 条の 4 第 1 項

契約事務

▶代理と委任の分類

（条文は自治法）

代理【法定代理】第 152 条	委任と臨時代理【任意代理】第 153 条	
	臨時代理	委任
長に事故あるとき又は欠けたときは、副知事又は副市町村長が、その職務を代理する。	事務の一部を補助職員に臨時に代理させることができる。	・事務の一部を補助職員に委任することができる。 ・事務の一部を管理に属する行政庁に委任することができる。
副知事又は副市町村長も欠けたときは、あらかじめ長が指定した職員が、その職務を代理する。		
権限は長に存在し移らない。	権限は受任者に移る。	
契約締結にあたって、契約書には「○○【職名】代理者【職名】○○○」と表記する。	契約は受任者の名を用いる。	

2 長の権限の補助執行と事務決裁規程

◇長の権限の委譲については、①代理、②委任、③補助執行がある。

◇自治体職員の業務は、長の職務権限の補助執行が大半を占める。

◇補助執行には長の権限を執行できる範囲が定められており、この範囲は、当該自治体の「事務決裁規程」に具体的に規定されている。

●長の権限の委譲のパターン

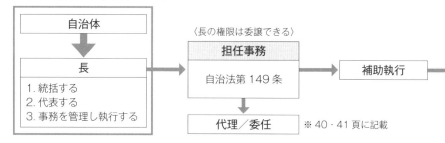

ここが実務のCHECK・POINT

1. 契約事務に関わる長の権限の委譲は、当該自治体の事務決裁規程に従うので、必要な決裁は、事務決裁規程に従って確認する必要がある。

2. 事務決裁規程による権限の委譲について、行き過ぎた権限の委譲は、権限の濫用を引き起こし、不正事件の発生原因になる。

3. 特に契約事務で多発している不正事件に随意契約があり、見積合わせを含む随意契約の権限が担当課長になっていることが多い。したがって、権限の委譲が不正の温床につながることに留意する必要がある。

4. 事務決裁規程については、特に随意契約に関して実務実態を確認し、定期的な見直しを図ることが必要である。

5. 事務決裁規程において、権限がない組織上の上司の決裁は、無効になることに注意する。また、決裁権限のある職員が欠けた場合、代決が認められるケースがある。この場合、当該自治体の代決に関する規則の規定によることに留意する。

6. 事務決裁規程に指定合議先がある場合は、確実に決裁が完了しているか確認する必要がある。

◉長の権限に属する事務の執行体制

長の権限に属する 事務の管理執行	内部組織の設置（法第158条）	長の権限に属する契約事 務等を執行する。
	職員の任用（法第172条）	
	補助機関の設置（法第161条）【副知事・ 副市町村長】	
会計事務	会計管理者（法第168条）	
専門調査	専門委員（法第174条）	

▶補助執行の範囲は事務決裁規程を確認

> 長等の権限に属する事務の補助執行は、権限そのものは、長等に存在し、長等に代わって職員が事務を行う形態である。したがって、契約事務では、契約書の締結は、職員の職名ではなく、長等の名称をもって行われる。

長の権限に属する事務の補助執行の範囲

事務決裁規程 ◀ 副知事・副市町村長の職務（法第167条）

◉補助執行の範囲の一般的な事例

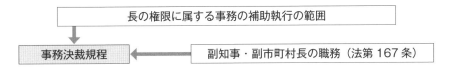

区分		長	副（長）	部長	課長	指定合議先
契約に係る事案	1. 物品、賃貸、委託等	○○円 以上	○○円 以上	○○円 以上	○○円 以上	●●課長
	2. 工事請負	○○円 以上	○○円 以上	○○円 以上	○○円 以上	●●課長
	3. 不動産売買	○○円 以上	○○円 以上	○○円 以上	○○円 以上	●●課長
	以下省略	○円以上	○円以上	○円以上	○円以上	
支出負担行為の事案		○円以上	○円以上	○円以上	○円以上	
支出命令の事案					○	

◉決裁の基本ルール

事務決裁規程の区分による決裁【決裁権限者】 → 上司の決裁 → 権限がないので決裁は無効

→ 代決の決裁 → 代決の規則に沿っていれば有効

下水道事業の官製談合、県議秘書が主導、選挙協力の見返りか?

　2019（平成31）年1月、N県N市の下水道工事を巡り、官製談合事件が発生、県議の秘書及び市の職員（工事検査監）、さらに事業者の二人も同時に逮捕された。

　この事件を受けて、市では不正入札防止委員会を設置したが、同年2月に、この不正防止委員会のメンバーである「地域政策監」が官製談合防止法違反などの疑いで逮捕されることになる。短期間に現職の幹部職員二人が逮捕されるという異常事態となったのである。

　事件の特徴は、県議の秘書が逮捕されていることから、県議選挙への応援の見返りとして、業者に最低制限価格を伝え落札させたと言われているが、市の職員が選挙の見返りを認識し県議の秘書に協力し情報を漏洩したかどうか、また、見返り（収賄）があったかどうか判然としない事件である。

　この種の政治がらみの不正事件は、その地域の歴史と政治風土が背景にあると言われる。N県は、かつて総理経験者の大物政治家が権力をふるった地域でもある。このような政治風土が今回の事件の背景にあるのではないかとの見方もある。

　だからと言って、官製談合は許されるものではない。N市の下水道事業10年間の契約状況が報道されている。下水道管工事のほか、土木やポンプ設備など多様な種類の工事の一般競争入札は過去10年で197件あり、このうち51件が落札下限の最低制限価格で落札されていた。約26%である。N市では、2009年度途中まで予定価格を事前公表しており、同年度は37件中14件が最低制限価格での落札だった。このうち、予定価格を事後公表に切り替えた2009年9月以降は1件のみだったという。

　予定価格の事後公表は、最低制限価格を予測しにくくする。当然、発注側は最低制限価格と同一となったケースについて、その検証が必要になる。予定価格が事後公表であるにもかかわらず、事件の起きた2016年から最低制限価格と同一の落札が急増していることから、組織的なチェック機能が働いていなかったと言える。

　N市の事件からの教訓は、職員に対する政治的圧力と要請に対する厳格な対応方針を策定し、職員ひとり一人のコンプライアンス意識を高めることである。そして、不正のシグナルを早く把握することである。契約実績を基に、不自然な落札状況がないかどうかを継続して検証する仕組みが重要であろう。

　N市においては、2019年7月に職員倫理規程を改定している。しかし、政治倫理条例、職員倫理条例制定には至っていない。

第4章

契約事務に関係する主な法令

1 民法と地方自治法

◇自治体の契約制度は、一般法としての民法の規定に基づいている。

◇自治体の契約制度は、民法の規定に基づき、個別法である自治法に規定されている。

◇民法の規定は、民間契約、自治体契約に適用され「私的自治の原則」から「契約自由の原則」が導き出される。

◇契約自由の原則は、契約制度全体に適用される理念であるが、自治体契約は固有の制約があり、その内容は自治法に規定されている。

◇自治体契約の固有の制約には、①契約の相手方選択の自由に対する制約、②契約方式の自由に対する制約がある。

●自治体契約制度に関する法令等

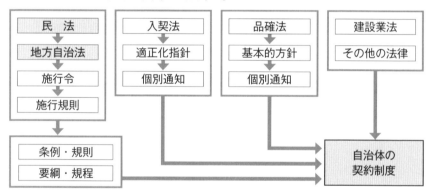

ここが実務の CHECK・POINT

1. 自治体契約は、民法の規定が適用されるため、民法第二章（第521条〜696条）に基づく基本ルールを確認しておく必要がある。

2. 自治体契約は、自治法の規定により実務が行われるため、自治法第9章（第234条〜234条の3）に基づく基本ルールを確認しておく必要がある。

3. 自治体契約は、自治法を基本とし、自治令、自治法施行規則、さらには、各自治体で定められた条例、規則、要綱等により運用されることから、各々の規定を確認しておく必要がある。

●民法第二章【契約】の条文

第一節	総則	521条～	第八節	雇用	623条～
第二節	贈与	549条～	第九節	請負	632条～
第三節	売買	555条～	第十節	委任	643条～
第四節	交換	586条	第十一節	寄託	657条～
第五節	消費貸借	587条～	第十二節	組合	667条～
第六節	使用貸借	593条～	第十三節	終身定期金	689条～
第七節	賃貸借	601条～	第十四節	和解	696条～

●契約の基本原則の構造

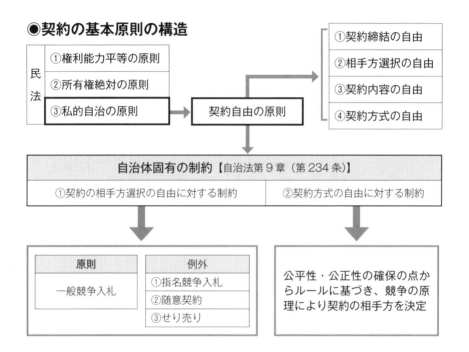

［ココに注意！］「民法の改正」

民法が120年ぶりに改正されました。改正案は、平成29年5月26日に可決され、同年6月2日に公布、令和2年4月1日に施行されました。企業や消費者の契約ルールを定める債権関係規定（債権法）に関する改正が中心で、改正は約200項目に及んでいます。この改正を踏まえ、自治体の契約書等の改正が行われています。

2 政府契約の支払遅延防止等に関する法律

基本ルール

◇支払遅延防止法は、第14条の規定により、自治体にも適用される。

◇支払遅延防止法の規定には、二つの柱がある。

◇一つ目の柱は、検査に関するルールであり、契約の目的たる給付の確認に関する規定である。二つ目の柱は、支払遅延に関するルールであり、対価の支払時期に関する規定である。

◇給付完了の確認及び支払時期には、約定期間が定められ、これを超えた場合は、遅延利息を支払うことになる。遅延利息の利率については、国の告示で定められている。

●自治体にも支払遅延防止法が適用

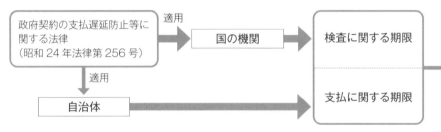

ここが実務の CHECK・POINT

1. 自治体契約の支払にあたっては、支出命令の段階及び会計管理者の審査の段階において、検査が適正に行われたかを確認する必要がある。

2. この確認の際、支払遅延防止法の規定による約定期間を超過していないか確認する必要がある。

3. 会計管理者は、支出負担行為の確認を実施した後、実際の支払事務を行うが、この際、請求日を起算日として、支払に関する約定期間を超えないよう支出の期日管理を行う必要がある。

4. 仮に遅延利息が発生し、これを公金で支払うことになったとすれば、その原因を生じさせた職員に損害賠償責任が発生することになる。

5. 工事の竣工届、請求書などの日付を空欄で提出させてはならない。この日付が遅延利息の計算の起算日になるからである。

●契約書の項目（支払遅延防止法第4条）

❶給付の内容	❷対価の額	❸給付の完了の時期	❹その他必要な事項

❶～❹＋書面により明らかにする項目

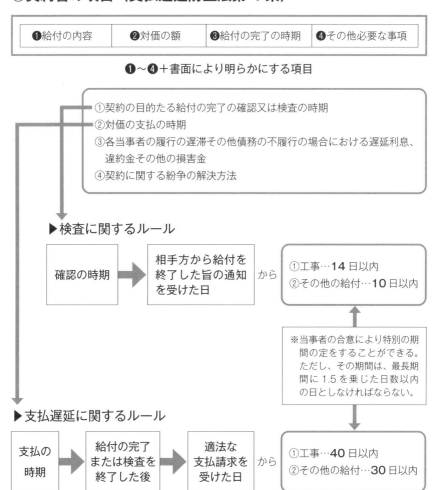

①契約の目的たる給付の完了の確認又は検査の時期
②対価の支払の時期
③各当事者の履行の遅滞その他債務の不履行の場合における遅延利息、
　違約金その他の損害金
④契約に関する紛争の解決方法

▶検査に関するルール

| 確認の時期 | → | 相手方から給付を終了した旨の通知を受けた日 | から | ①工事…14日以内
②その他の給付…10日以内 |

※当事者の合意により特別の期間の定をすることができる。ただし、その期間は、最長期間に1.5を乗じた日数以内の日としなければならない。

▶支払遅延に関するルール

| 支払の時期 | → | 給付の完了または検査を終了した後 | → | 適法な支払請求を受けた日 | から | ①工事…40日以内
②その他の給付…30日以内 |

●期限を超えた場合には遅延利息が発生!!

契約金額×利率×遅延日数＝遅延利息（100未満は切り捨て）

請求日等を起算日として法に定めた日数を超えた日数

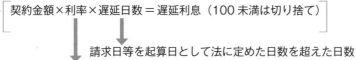

令和3年4月1日～	年2.5%
令和2年4月1日～	年2.6%
平成29年4月1日～	年2.7%

○政府契約の支払遅延に対する遅延利息の率
（昭和24年12月12日大蔵省告示第991号）

3 暴力団員による不当な行為の防止等に関する法律

◇反社会的勢力という言葉に法律上の明確な定義はない。一方、暴力団（団員）については、法律上、明確な定義がある。

◇暴力団対策法は、平成3年5月に成立し、平成4年3月1日に施行された。これに伴って、自治令も改正され、暴力団員等を入札に参加させてはならないことが明文化された。なお適正化指針においても、暴力団員等の排除について明確に記述されている。

◇これらの対策を受けて、自治体契約における契約書には、すべて暴力団員等の排除に関する契約条項が盛り込まれることになった。

●反社会的勢力とは？
※暴力や威力、あるいは詐欺的な手法を駆使し、不当な要求行為により、経済的利益を追求する集団や個人の総称

▶反社会的勢力との付き合いは一切ダメ !!!!

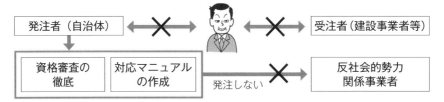

1. 自治体契約に関わって、反社会的勢力を100％排除するためには、すべての契約に関して、契約の参加資格を厳格に確認する必要がある。

2. 入札参加資格の登録制度については、形だけの審査ではなく、新規登録者の審査を強化するなど、強弱を付けた審査を行うことに留意する。

3. 入札案件ごとの入札資格審査においても、あらためて反社会的勢力に関する部分の審査には重点を置くことが重要である。

4. 契約書に暴力団排除条項が規定されているか、契約解除条件及び損害賠償規定を確認することが必要である。

5. 行政全体として、地元警察、暴力団追放運動推進センター等と定期的な意見交換を実施し、職員研修など専門家の意見を踏まえた対応策を講ずることが重要である。

●暴力団対策法（法第2条）の定義

暴力団…その団体の構成員（その団体の構成団体の構成員を含む。）が集団的に又は常習的に暴力的不法行為等を行うことを助長するおそれがある団体をいう。
暴力団員…暴力団の構成員をいう。

●暴力団対策法（第32条第1項）の入札参加不可の対象

一　指定暴力団員
二　指定暴力団員と生計を一にする配偶者（婚姻の届出をしていないが事実上婚姻関係と同様の事情にある者を含む。）
三　法人その他の団体であって、指定暴力団員がその役員となっているもの
四　指定暴力団員が出資、融資、取引その他の関係を通じてその事業活動に支配的な影響力を有する者（前号に該当するものを除く。）

●地方自治法施行令の規定

自治令第167条の4（一般競争入札の参加者の資格）
第1項　普通地方公共団体は、特別の理由がある場合を除くほか、一般競争入札に次の各号のいずれかに該当する者を参加させることができない。
　三　暴力団員による不当な行為の防止等に関する法律（平成3年法律第77号）第32条第1項各号に掲げる者

●適正化指針の規定

適正化指針第2-6-（1）
ホ　経営を暴力団が支配している企業等の暴力団関係企業が公共工事から的確に排除されるよう、各省各庁の長等は、警察本部との緊密な連携の下に十分な情報交換等を行うよう努めるものとする。
　また、暴力団員等による公共工事への不当介入があった場合における警察本部及び発注者への通報・報告等を徹底するとともに、公共工事標準請負契約約款に沿った暴力団排除条項の整備・活用により、その排除の徹底を図るものとする。

●日々の対応策は？

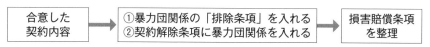

地元警察

発注者
（自治体）

日常的な情報交換

何かあったらすぐに通報を！

●契約書の条項の扱いは？

合意した
契約内容
→
①暴力団関係の「排除条項」を入れる
②契約解除条項に暴力団関係を入れる
→
損害賠償条項を整理

4 いわゆる担い手三法

基本ルール ⋯⋯⋯⋯⋯⋯⋯⋯⋯⋯⋯⋯⋯⋯⋯⋯⋯⋯⋯●

◇いわゆる担い手三法の直近の改正は、令和元年度に行われ、一部を除いて令和2年4月1日に施行された。

◇同時に、平成29年に改正された民法は、令和2年4月1日に施行された。

◇令和2年4月からの契約制度は、担い手三法と民法改正が反映され、具体的には、公共工事標準請負契約約款（中央建設業審議会決定）などの改正に表れている。

◇自治体契約制度の運用にあたっては、民法の改正及び担い手三法の改正を踏まえ、具体的な運用ルールを構築していく必要がある。

●令和2年4月1日「新・担い手三法」がスタート

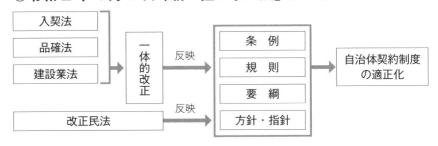

ここが実務の CHECK・POINT ⋯⋯⋯⋯⋯⋯⋯⋯⋯⋯⋯⋯⋯⋯●

1. 自治体契約は、入契法の適用を受けるため、法律の内容及び閣議決定された適正化指針に基づき運用されなければならない。

2. 民法及び担い手三法の改正に伴って、具体的な契約書の変更が伴う。公共工事標準請負契約約款などは、民法の改正を反映したものが、中央建設業審議会から発表されている。同様に、他の契約書についても、改正点が反映されているか確認する必要がある。

3. 担い手三法の背景には、建設業界の働き方改革がある。自治体の契約制度は、地域経済の発展及び地域雇用の改善を踏まえたものでなければならない。あらためて、契約制度全体の検証を行うことが契約制度の適正化及び不正防止対策につながる。

4. 自治体版働き方改革の実現に向けても、公共工事の施工期間の平準化などを検証することが必要である。

●担い手三法の全体的構造

入契法	品確法	建設業法
一体的な改正と運用…「新・担い手三法」令和2年4月スタート!!		
公共工事の入札及び契約の適正化の促進に関する法律（平成12年法律第127号）	公共工事の品質確保の促進に関する法律（平成17年法律第18号）	建設業法（昭和24年法律第100号）
公共工事の入札及び契約の適正化を図るための措置に関する指針（平成13年3月9日閣議決定・令和4年5月20日最終変更）	公共工事の品質確保の促進に関する施策を総合的に推進するための基本的な方針（平成17年8月26日閣議決定・令和元年10月18日最終変更）	中央建設業審議会【国交省の諮問機関】公共工事標準請負契約約款等（令和2年4月以降使用）

目的

公共工事に対する国民の信頼確保　建設業の健全な発展	←	1. 建設業の働き方改革の促進 2. 建設現場の生産性の向上 3. 持続可能な事業環境の確保

課題への取組み

建設業の働き方改革の促進	◇工期の適正化【著しく短い工期の禁止】 ◇公共工事の施工時期の平準化 ◇下請代金は現金支払
建設現場の生産性の向上	◇監理技術者の専任の緩和 ◇技術検定制度の見直し【技士補の登場】 ◇主任技術者の配置義務の見直し ◇建設資材製造業者への勧告 ◇知識・技術・技能の向上
持続可能な事業環境の確保	◇建設業の許可基準の見直し ◇建設業者の地位の承継について ◇不利益な取扱の禁止 ◇災害時の対応 ◇標識の指示義務の緩和
その他の改正点	◇建設業許可申請で都道府県経由の事務を廃止 ◇建設業退職金共済制度の見直し

5 不正事件の防止及び罰則に関する法律

◇自治体の公共工事等を巡る事件は、主に官製談合防止法に違反したものであり、全国的に、毎月のように発生している。

◇事件発生後、当該自治体では、原因究明と再発防止策を講ずるが、これに要する時間とコストは、典型的な無駄な仕事である。なお、作成された発生防止策が再発防止につながっていない事例も見受けられる。

◇官製談合防止法と独占禁止法は密接な関係があり、再発防止には、この法律の趣旨と構造を、職員全体に周知させる必要がある。

●自治体契約の不正事件の根絶に向けて

ここが実務の CHECK・POINT

1. 官製談合が発生しないよう、職員全体に、コンプライアンス研修とともに、契約事務の不正防止対策の研修を継続して実施しているか確認する必要がある。

2. 研修を実施する場合、発生してから応急的に実施するのではなく、継続して実施し、他団体の不正事例から学ぶことは有効である。

3. 研修の実施とともに、全組織的に、契約事務に関する実態調査などを実施し、これを通じて契約事務のプロセスを検証することは、不正防止、事務的ミスの防止につながる。

4. 地方公務員法の継続した研修を実施するとともに、当該自治体の懲戒処分基準を職員に周知することは、不正事件の抑止力になる。

5. 不正事件を未然に防止するためには、長と会計管理者及び監査委員と連携したチェック体制を確立することが必要である。

●不正防止に向けた法律体系

入札談合等関与行為の排除 及び防止並びに職員による 入札等の公正を害すべき行 為の処罰に関する法律 （平成 14 年法律第 101 号）	私的独占の禁止及び公正取 引の確保に関する法律 （昭和 22 年法律第 54 号）	刑　法 （明治 44 年法律第 45 号）

職員の禁止事項　【入札談合等関与行為・第 2 条第 5 項】

①事業者又は事業者団体に入札談合等を行わせること。

②契約の相手方となるべき者をあらかじめ指名することその他特定の者を契約の相手方となるべき者として希望する旨の意向をあらかじめ教示し、又は示唆すること。

③入札又は契約に関する情報のうち特定の事業者又は事業者団体が知ることによりこれらの者が入札談合等を行うことが容易となる情報であって秘密として管理されているものを、特定の者に対して教示し、又は示唆すること。

④特定の入札談合等に関し、事業者、事業者団体その他の者の明示若しくは黙示の依頼を受け、又はこれらの者に自ら働きかけ、かつ、当該入札談合等を容易にする目的で、職務に反し、入札に参加する者として特定の者を指名し、又はその他の方法により、入札談合等を幇助すること。

罰　則

収賄罪
加重収賄罪
偽計入札妨害罪

死刑
懲役
禁錮
拘留
罰金
科料
没収
追徴

地方公務員法の順守事項

◇服務の根本基準（第 30 条）
◇服務の宣誓（第 31 条）
◇法令等及び上司の職務上の命令に従う義務（第 32 条）
◇信用失墜行為の禁止（第 33 条）
◇秘密を守る義務（第 34 条第 1 項）
◇職務に専念する義務（法第 35 条）
◇政治的行為の制限（第 36 条）
◇争議行為等の禁止（第 37 条）
◇営利企業への従事等の制限（第 38 条）

違反行為

違反は
懲戒処分

**官製談合等に
関与した職員**

義務違反に対し任命権者が科す職員への制裁的処分	免職
	停職
	減給
	戒告

　官製談合事件に職員が関与し、その結果、自治体に損害を生じさせた場合、職員に対して損害賠償を求めることがある。

※官製談合の定義、職員の汚職事件の統計は巻末資料を参照。

不正事件の再発防止には、組織全体の継続した取組が必要！

　2003（平成15）年の事である。東京都立川市で官製談合事件が発生した。事件の概要は、市のHPで公開されているが、まず、現職の契約担当課長が逮捕された。指名競争入札において、実績のない業者を恣意的に指名し、この業者に予定価格を漏洩したものである。業者との仲介役は元職員であった。

　市はこの事態を受けて、助役を委員長とする調査委員会を立ち上げ、副委員長には、契約担当部長が就いた。しかし、数回の会議を開催している最中に、副委員長である契約担当部長も逮捕されるという事件に発展した。

　市では、この事態を受け、第三者委員会を設置し再発防止策に乗り出す。立川市の再発防止策の特徴は、具体的な対策として、指名競争入札を実施しないこととしたことである。この対策は発生原因を元から解決するためのもので、現在でも指名競争入札は実施していない。随意契約を除けば、条件付き一般競争入札が継続されている。

　さらに、再発防止策の特徴は、「立川市はこの事件を絶対に忘れない」というメッセージを発信したことである。そして、職員全体、組織全体に、このメッセージを浸透させるために、毎年、契約事務に関わる調査、点検を実施している。

　事件の発生から、すでに15年以上が経過している。ということは、事件発生後に採用された職員が相当数いるということになる。その職員も含めて、「平成15年の事件は絶対に忘れない」という方針が継続されている。

　筆者もこの事件は鮮明に記憶している。あらためて立川市の再発防止策に触れ、非常に学ぶことが多いと感じている。立川市は15年以上が経過しても、当時の事件の調査報告、再発防止策、その後の庁内の取組を継続して公開している。

　筆者は、この立川市の取組みから、不正の防止や自治体の課題解決に向けては、「全員で」「立場を超えて」「本気で」「継続して」取組む必要があることを学んだ。

　発生した事件は否定できないし、隠ぺいすることはできない。大事なことは、言葉だけではなく「同じような事件を二度と起こさない」ということである。

　ちなみに、立川市のこの官製談合事件を巡る再発防止の取組みは、別の意味で効果を生んでいる。筆者の知る限り、立川市では、2003年以降、官製談合はもちろん、他の不正事件、職員の不祥事は発生していないのである。

　官製談合の発生は、組織運営の危機であるが、この危機を乗り越え、組織全体のコンプライアンス意識を高めた結果であると思う。

第5章

契約事務に関係する条例・規則等

1 議会の議決に付すべき契約及び財産の取得又は処分に関する条例

◇自治法第 96 条第 1 項第 5 号は、自治令第 121 条の 2 第 1 項に定める「工事又は製造の請負」に関して、議会の議決を必要としている。

◇自治法第 96 条第 1 項第 8 号は、自治令第 121 条の 2 第 2 項に定める「不動産・動産・不動産の信託の受益権の買入れ、売払い」に関して、議会の議決を必要としている。

◇自治法及び自治令の規定を受け、議決を要する契約の範囲は、条例で定めることとされているが、実態は、自治令と同額の基準額を規定しているケースが圧倒的に多い。

●条例による「議会の議決が必要な契約等」

ここが実務の CHECK・POINT

1. 自治令第 121 条の 2 の規定に基づく自治体の条例上の金額は、予定価格であることに留意が必要である。したがって、実際の競争入札で、この金額を下回る落札があったとしても、議会の議決は、当初の予定価格で判断することになる。

2. 要議決金額を下回る予定価格で契約が執行され、その後、何らかの理由によって増額を伴う契約変更が行われる場合、条例上の金額を契約額が上回ったとしても、議会の議決は必要としない。ただし、自治令等の趣旨から、議会への報告など何らかの調整は必要と思われる。

3. 過去の事例で、議会の議決を得ない契約が複数年にわたり継続していたケースが報告されている。いずれも「過年度未議決議案」として追認されているが、議会の議決権の侵害という重大なミスである。

4. これを防止をするためには、支出負担行為の決裁において、議決の要否のチェック欄を設けるなど厳格な審査の体制を講ずる必要がある。

●自治法第96条第1項による議会の議決事項

▶普通地方公共団体の議会は、次に掲げる事件を議決しなければならない。

1号	条例を設け又は改廃すること。
2号	予算を定めること。
3号	決算を認定すること。
4号	法律又はこれに基づく政令に規定するものを除くほか、地方税の賦課徴収又は分担金、使用料、加入金若しくは手数料の徴収に関すること。
5号	その種類及び金額について政令で定める基準に従い条例で定める契約を締結すること。
6号	条例で定める場合を除くほか、財産を交換し、出資の目的とし、若しくは支払手段として使用し、又は適正な対価なくしてこれを譲渡し、若しくは貸し付けること。
7号	不動産を信託すること。
8号	前二号に定めるものを除くほか、その種類及び金額について政令で定める基準に従い条例で定める財産の取得又は処分をすること。
	9～15号省略

政令の規定

区分【自治令第121条の2】		県	政令市	市	町村
【第1項】別表第三　工事又は製造の請負		5億円以上	3億円以上	1.5億円以上	0.5億円以上
【第2項】別表第四　不動産・動産・不動産の信託の受益権の買入れ、売払い	土地面積	2万㎡以上	1万㎡以上	5千㎡以上	
	金額	7千万円以上	4千万円以上	2千万円以上	7百万円以上

●条例の事例（市の場合）

議会の議決に付すべき契約及び財産の取得又は処分に関する条例

（趣旨）

第1条　議会の議決に付すべき契約及び財産の取得又は処分に関しては，この条例の定めるところによる。

（議会の議決に付すべき契約）

第2条　地方自治法（昭和22年法律第67号）第96条第1項第5号の規定により議会の議決に付さなければならない契約は，予定価格150,000,000円以上の工事又は製造の請負とする。

（議会の議決に付すべき財産の取得又は処分）

第3条　地方自治法第96条第1項第8号の規定により議会の議決に付さなければならない財産の取得又は処分は，予定価格20,000,000円以上の不動産若しくは動産の買入れ若しくは売払い（土地については，1件5,000平方メートル以上のものに係るものに限る。）又は不動産の信託の受益権の買入れ若しくは売払いとする。

2 長期継続契約に関する条例

◇自治令の改正（平成 16 年 11 月 8 日公布【11 月 10 日施行】）により、第 167 条の 17 が追加された。この改正の背景には、一般に普及しているリース契約等を自治体契約でも長期継続契約の対象にするという対象枠の拡大を図るねらいがあった。

◇自治法の原則は、債務負担行為など予算を確保することを前提としているため、長期継続契約は、この原則の特例ということができる。

◇長期継続契約による契約は、その契約状況について、作成を義務付けられた調書などはない。

◇一方、債務負担行為は、予算の附属書類として「債務負担行為に関する調書」が規定され、議会のチェックが働く仕組みとなっている。

●契約の区分

区　分	予　算	種　類	摘　要
通常の契約	確保	単年度の歳出予算による契約	原則的な契約
複数年度の契約	確保	継続費による契約	原則的な契約
		債務負担行為による契約	
		繰越明許費による契約	
	未確保	長期継続契約	例外的な契約

1. 長期継続契約は、予算の削除又は減額があれば、契約の解除又は変更することとなるため、契約の相手方にとって、不安定な契約である。

2. 支出負担行為の決裁においては、長期継続契約か否かを明確に区分し、契約書に解除条件が明示されていることを確認する必要がある。

3. 長期継続契約で契約を締結し、その後に行政側の都合により予算の削除が行われ、契約解除となった場合、契約上のトラブルや損害賠償の請求も想定されることから、契約書上で慎重な確認が必要である。

4. 毎年度継続する委託事業（施設清掃・ごみ収集）も長期継続契約で対応することも可能であるが、契約の安定性（予算の裏付け）からも、極力債務負担行為の設定を検討することが、契約の適正化につながる。

●長期継続契約の手続の基本（自治法第234条の3）

複数年度契約	→	原則	債務負担行為設定による契約

▶次のものは、特例として、債務負担行為の設定をせずに契約できる

①電気、ガス若しくは水の供給若しくは電気通信 役務の提供を受ける契約
②不動産を借りる契約
③その他政令で定める契約

→ 予算の範囲内においてその給付を受けなければならない。

↓

当該契約に係る予算を削除、減額した場合は契約は、変更または解除となる。

政令で定めるもの【自治令第167条の17】

翌年度以降にわたり物品を借り入れ又は役務の提供を受ける契約で、その契約の性質上翌年度以降にわたり契約を締結しなければ当該契約に係る事務の取扱いに支障を及ぼすようなもののうち

▶契約書の条文事例

条例で定めるもの

第○○条
　この契約を締結した年度の翌年度以降において、当該契約に係る歳出予算が減額又は削除となったときは、市は、この契約を変更し、又は解除することができる。

●条例の事例（市の場合）

○○市における長期継続契約を締結することができる契約を定める条例
　（趣旨）
第1条　この条例は、地方自治法（昭和22年法律第67号）第234条の3及び地方自治法施行令（昭和22年政令第16号）第167条の17の規定に基づき、○○市における長期継続契約を締結することができる契約について定めるものとする。
　（長期継続契約を締結することができる契約）
第2条　長期継続契約を締結することができる契約は、次の各号に掲げる契約のうち、あらかじめ複数年にわたる契約の期間が定められているものとする。
（1）　事務機器、情報機器、業務用機器等を借り入れる契約
（2）　ソフトウェアを借り入れる契約
（3）　車両を借り入れる契約
（4）　前3号に掲げる契約に伴う保守、維持管理等の役務の提供を受ける契約
（5）　前各号に掲げるもののほか、物品を借り入れ又は役務の提供を受ける契約で、複数年にわたり契約を締結しなければ当該契約に係る事務の取扱いに支障を及ぼすと市長が認める契約
　　　付　則
この条例は、平成○年○月○日から施行する。

> **参考条文**　自治法（債務負担行為）
> 第214条　歳出予算の金額、継続費の総額又は繰越明許費の金額の範囲内におけるものを除くほか、普通地方公共団体が債務を負担する行為をするには、予算で債務負担行為として定めておかなければならない。

3 入札監視委員会等条例

◇外部機関（第三者委員会）として、入札監視委員会等を常設で設置している自治体があり、この設置は、条例設置と要綱設置に分類される。

◇入札監視委員会等の目的は、契約制度全体の適正化であり、不正の防止対策、事務的ミスの発生防止が含まれている。

◇委員数は、おおむね3〜5人程度であり、諮問・答申の形式をとる。

◇自治体によっては、入札監視委員会を条例で設置し、委員会に勧告の権限を付与している事例もある。

◇入札監視委員会を設置し、さらに、契約倫理制度を評価検証する委員会を設置し、不正防止対策を強化している自治体もある。

●入札制度に関する不正防止体制

ここが実務の CHECK・POINT

1. 契約の不正防止に向けては、自治体内部のチェック機関だけでは不十分であり、実際の不正事件の発生がそれを物語っている。

2. 第三者機関で常設の入札監視委員会等の設置は、不正事件の防止及び事務的ミスの防止の抑止力となっていることから、設置を検討することは有意義な不正防止対策と考えられる。ただし、入札監視委員会等が設置されている自治体でも、不正事件が発生していることから、絶対的な防止策ではないことに留意する必要がある。

3. 入札監視委員会等の答申書については、自治体内部で共有化され、契約制度の改善に結びついているかを検証する必要がある。

4. 近年の不正事件の要因となっている恣意的な指名、意図的な随意契約については、特に契約制度に関わる情報が入札監視委員会等に的確に提供されているか確認する必要がある。

●入札監視委員会等の設置と役割　　　※委員会設置自治体の傾向

項目	条例による場合	要綱による場合
設置根拠	自治法第138条の4第3項による附属機関	私的諮問機関とも呼ばれ附属機関の類似機関として訓令で設置
設置目的	入契法の趣旨を踏まえ契約制度の適正化を図る	
委員数	おおむね3～5人程度	
選任	学識経験者等から選任	
役割	1. 自治体の契約制度及び契約実績等の情報提供を受ける 2. 契約状況の確認 　①入札方式の設定理由の確認 　②指名競争入札の指名理由の確認 　③随意契約とした理由の確認 3. 契約過程に係る苦情申立制度の再苦情申立に対する調査	
権限	1. 諮問事項に対する意見具申 2. 契約制度及び制度の運用に関する勧告	1. 諮問事項に対する意見具申
その他	◇委員の除斥【利害関係の案件の議事には参加できない】 ◇守秘義務	

●不正防止対策のさらなる強化策

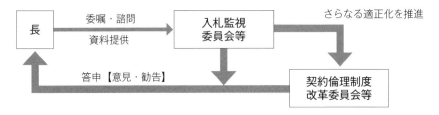

参考条文　**自治法 第138条の4**　普通地方公共団体にその執行機関として普通地方公共団体の長の外、法律の定めるところにより、委員会又は委員を置く。
第3項　普通地方公共団体は、法律又は条例の定めるところにより、執行機関の附属機関として自治紛争処理委員、審査会、審議会、調査会その他の調停、審査、諮問又は調査のための機関を置くことができる。ただし、政令で定める執行機関については、この限りでない。

4 公契約条例（公共調達条例）

◇公契約条例は、平成21（2009）年9月30日、千葉県野田市で制定された。いわゆる賃金条項を入れた条例としては、日本で最初の条例である。

◇公共調達基本条例は、平成20（2008）年7月18日、山形県が制定しており、この条例は、賃金条項を含まないものになっている。

◇名称のいかんに関わらず、自治体での公契約条例制定の動きは、自治体現場で発生している様々な課題について、地域の実態に合わせた契約制度を自治体自らが確立しようとする運動といえる。

◇令和元（2019）年9月末時点における条例制定自治体は、54自治体であり、賃金条項を入れた自治体は、22自治体である。全体の内訳は、県が7、市区が46、町が1自治体となっている。

●自治体契約の課題

ここが実務の CHECK・POINT

1. 公契約条例の大きな目的は、自治体契約制度全体の適正化であり、条例の有無に関わらず、この点については留意する必要がある。

2. 自治体契約の課題にダンピング受注の防止がある。ダンピング受注は、下請事業者への賃金のしわ寄せや社会保険未加入者の増加、安全対策の低下などの問題を生じさせる。

3. したがって、自治体契約をチェックするにあたり、最低制限価格の設定、低入札調査価格の設定など、ダンピング受注防止対策が講じられているかを確認する必要がある。

4. 公契約条例の賃金条項に指定管理者を入れている場合もある。指定管理者の指定は、行政処分であるが、選定実務等は契約制度に近いものであるため、この点にも留意する必要がある。

●公契約条例の分類

※条例名称は自治体によって異なる。

分類	賃金条項	制定団体等
1. 公契約条例	あり	野田市公契約条例【2009.9.30 公布】他
2. 公共調達基本条例	なし	山形県公共調達基本条例【2008.7.18 公布】他

●公契約条例の目的の事例

◇自治体の抱える契約制度の課題を解決するためのツールとして条例を制定

野田市公契約条例【2009.9.30 公布】
（目的）
第1条　この条例は、公契約に係る業務に従事する労働者の適正な労働条件を確保することにより、当該業務の質の確保及び公契約の社会的な価値の向上を図り、もって市民が豊かで安心して暮らすことのできる地域社会を実現することを目的とする。

国分寺市公契約条例【2012.6.28 公布】
（目的）
第1条　この条例は、国分寺市（以下「市」という。）が広範な事務事業を実施するに当たって、契約自由の原則の下で外部から多種多様なもの及びサービスを調達していることに鑑み、その調達の基本的なあり方を明確にすることにより、実施主体である市と調達の担い手である事業者がともに社会的責任を自覚し、もって市政及び地域社会の発展に寄与することを目的とする。

●公契約条例の構造の事例

※賃金条項のある事例

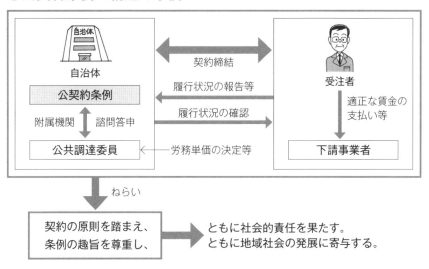

5 財務規則・契約事務規則

◇自治体契約に関わる具体的な事務手続規定は、大きく二つに分類できる。

◇一つは、財務規則による場合である。財務規則は、自治法第9章（財務）の規定を自治体の実務的規則として定めたもので、予算、決算、収入、支出、契約、財産、現金及び有価証券等の規定で構成されている。

◇もう一つは、契約事務規則による場合である。この形態の自治体は、別の規則として予算事務規則、会計事務規則等を定めている。

◇いずれの形式の規則であっても、契約に関わる原則的なルールが規則に定められ、契約事務の適正化が図られている。

◇規則の内容は、民法をはじめ、自治法、自治令、入契法、品確法、建設業法などの改正の影響を受ける。さらに、時代の変化に応じた自治体の独自制度の検討も必要となっている。

●自治体の財務規則と契約事務規則 ※自治体によって二つのパターンがある。

ここが実務の CHECK・POINT

1. 不正事件及び事務的ミスの多くは、契約事務規則等を順守し、それを厳格にチェックしていれば防止できたと考えられる。

2. 契約事務は、単独の事務ではなく、予算制度、会計制度、決算制度ともつながりがある。したがって、財務会計全体のシステム化の中に契約事務を位置付け、効率化、適正化を図ることが必要である。

3. 規則に基づく実務マニュアルの作成が重要となる。実務マニュアルの作成にあたっては、契約事務の見直しを図りつつ、不正の防止及び事務的ミスの発生防止に配慮したものを作成する必要がある。

4. 契約事務のシステム化にあたっては現状分析を十分に実施し、不正及び事務的ミスの発生防止をシステム化の方針とすべきである。

●契約関係規則に規定されている項目の事例

章など	規定されている項目
総則	◇趣旨　◇用語の定義　◇競争入札参加資格
一般競争入札	◇参加資格　◇公告及び入札手続き　◇落札者の決定等 ※予定価格の作成、予定価格の決定方法は重要
指名競争入札	◇参加資格　◇指名基準　◇入札者の指名
随意契約	◇随意契約の条件　◇手続き　◇見積書の徴取
契約の締結	◇契約書の条件　◇標準契約書　◇請書　◇契約保証金
契約の履行	◇前払金　◇中間前払金　◇部分払　◇違約金　◇監督及び検査 ◇請求手続等の経理　◇再委託の禁止
雑則	◇解除通知　◇委任　◇様式

●自治体契約制度の運用根拠と見直し

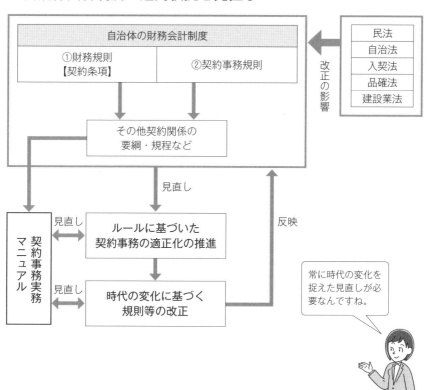

6 指名業者選定委員会等規則

●

◇指名業者選定委員会等（以下「選定委員会という。」）の設置は、指名
競争入札を実施するために必須の機関である。

◇自治体によっては、少数派ではあるが、指名競争入札を実施せず制限
付き一般競争入札で契約を執行している自治体がある。

◇指名競争入札を実施する場合は、指名基準に基づき、恣意的な指名が
行われないよう、指名原案の作成から選定委員会の審議まで、厳格な
審査が行われなければならない。

◇選定委員会の所掌事項については、基本的な役割の他に、随意契約の
承認やプロポーザル方式に関すること、談合情報対策に関することを
加えている自治体もある。

※自治体によって、形式は「規則」と「規程」がある。

●指名競争入札の適正化に向けて【基本パターン】

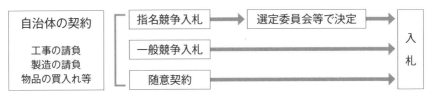

ここが実務の CHECK・POINT ●

1. 指名競争入札は、指名基準に基づくため、指名基準そのものが実態に
即しているか、特定の事業者にとって有利又は不利に働かないか等に
ついて、あらためて検証しておく必要がある。

2. 職員が単独で恣意的な指名案を作成しないよう選定委員会の事務局体
制を確認し、役割分担を見直す必要がある。

3. 選定委員会の議事及び議事録は、非公開になっていることが多く、過
去の不正事件の検証からも特定業者に偏った発言と誘導がなされてい
る。この点からは、議事録のチェックも必要である。

4. 不正防止に向けては、選定委員会とともに、外部委員で構成される入
札監視委員会等との連携に配慮することが必要である。

●指名業者選定委員会等規則の制定項目の事例

※規則名等は自治体によって異なる。

目的・趣旨	第1条 ○○市が発注する工事又は製造の請負並びに物品の買入れその他の契約に関し、○○市契約事務規則第○条の規定に基づき、指名競争入札に参加させようとする者を厳正かつ公正に選定するため、○○市指名業者選定委員会（以下「委員会」という。）を設置する。
委員会の所掌事項 ※自治体によって所掌事項の範囲は異なる。	①指名競争入札に参加する者の指名に関すること ②指名基準に関すること ③指名停止措置に関すること ④入札参加する者の登録に必要な資格に関すること ⑤一定規模以上の随意契約に関すること ⑥プロポーザル方式実施の承認に関すること ⑦電子入札の資格登録サービスの基準に関すること ⑧談合情報、その他契約の公正な執行を害する情報の対応等に関すること
委員会の構成等	①自治体の長が委員長 ②副（市町村）長が委員長 ③政令市などは、財務局長が委員長 ※委員会のメンバーは自治体によって異なり部課長が中心になっている。

●指名業者選定委員会等の運営

◇厳正かつ公平に事業者を選定し入札に参加させる。

●他の委員会等との調整・連携

※契約制度が適正に運営されるためには、それぞれ設置されている委員会等の契約制度の適正化に向けた具体的な質疑内容が自治体組織内で共有されるよう調整・連携が必要である。

7 検査事務規程

基本ルール

◇自治体契約において、契約の履行の確認は極めて重要な事務である。

◇自治体の検査事務規程は、検査員の役割の重要性を規定している。

◇契約の履行確認については、大きく二つに分けて対応する必要がある。

◇検査員が専門的な技術・知識に基づいて対応すべき「工事又は製造の請負」の場合は、自治体内部に検査員を確保できない場合もあり、自治令の規定により外部委託が可能である。

◇物品の納入確認や委託業務の履行確認は、比較的専門的な技術は求められないので、自治体の内部職員で対応可能な検査である。

※検査事務規程は、規則の形式をとっていないが規則と同等の機能をもつ。

●自治体の検査体制と検査の流れ

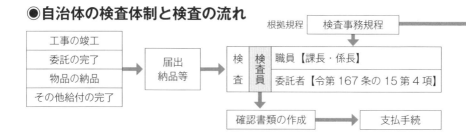

ここが実務の CHECK・POINT

1. 工事請負の検査については、特に検査員としての技術力が問われることになる。検査員の技術力によって発注工事の手抜き工事を見逃し、安全性の確保など、将来的なリスクになる可能性があるからである。

2. 過去の不正事件に「預け金」がある。これは架空の物品発注であり、業者と結託して「物品納入確認＝検査」をしないで書類を作成し公金支出を行い裏金を作る手口である。このような事件を防止するためには、検査は検査済みの書類だけでなく、物品の写真、現場の詳細な写真等を検査書類に添付させることで不正を防止できる可能性がある。

3. 会計管理者の審査は、公金支出の最終段階の確認であるが、原則は書類での審査となっている。ただし必要がある場合は、現場確認を行い不正の防止を図ることが重要である。

●検査事務規程に規定されている項目の事例

章など	規定されている項目
総則	◇目的　◇用語の定義　◇検査の種類

目的の事例
第1条　この規程は、○○市契約事務規則、○○市契約事務の補助執行等に関する規則に基づき○○市が締結した工事若しくは製造その他についての請負契約又は物件の買入れ、その他の契約に係る検査の実施について必要な事項を定め、もつて検査の円滑かつ適正な執行を図ることを目的とする。

章など	規定されている項目
検査員	◇任命　◇検査員の服務　◇検査員の職務執行の回避の申出
検査の実施	◇検査の依頼　◇検査に必要な書類の送付 ◇検査執行不能等の報告　◇検査の立合 ◇工事又は製造の請負の検査【検査員の職務】 ◇物品の購入その他の契約の検査【検収員の職務】 ◇検査完了による検査証の作成 ◇検査不合格の場合の措置

●検査員の任命の分類（三つのパターン）

❶	検査員	検査員	組織上の課長等及び外部委託（令第167条の15第4項）したもの
		検収員	長が指定する組織上の係長等
❷	検査員	検査担当者	組織上の長の任命した課長等
		特定検査員	外部委託（令第167条の15第4項）したもの
❸	その他、契約金額別に検査員の職を定めている規定もある。		

●検査の期限に関するルール

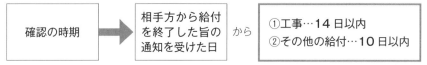

確認の時期　→　相手方から給付を終了した旨の通知を受けた日　から　①工事…14日以内　②その他の給付…10日以内

参考条文　自治令第167条の15第4項
普通地方公共団体の長は、地方自治法第234条の2第1項に規定する契約について、特に専門的な知識又は技能を必要とすることその他の理由により当該普通地方公共団体の職員によつて監督又は検査を行なうことが困難であり、又は適当でないと認められるときは、当該普通地方公共団体の職員以外の者に委託して当該監督又は検査を行なわせることができる。

プロポーザル方式、審査員が恣意的に採点か

　N県K市、2016（平成28）年に発注した「ごみ収集委託業務」は、指名型プロポーザル方式で実施され、A社が落札し5年契約が締結された。

　2020年7月14日の報道によれば、地検は官製談合防止法違反の容疑で市の幹部及びA社さらにはA社に関係している議員の自宅を捜査したとのことである。

　2016年1月の業者選定では、6者が参加し、市の副市長、環境部長など5人の幹部で構成される審査会でA社に決定された。点数化した審査基準で決定はされたものの、審査員は、A社に不当に高い点数を付けた疑いや予定価格を漏洩した疑いが持たれている。

　また、この契約をめぐっては、「形だけの入札だった」として住民訴訟が起こされ、1審2審とも「あらかじめ業者が決まっていた」と認定し、委託契約を無効とする判決が言い渡されている。（市は上告中）

　この事件の最大の特徴は、プロポーザル方式による選定で、市の幹部職員で構成される審査会のメンバーが、A社に不当に高い点数を付けていた疑いがあることだ。プロポーザル方式は、審査委員会の決定を受け「指名業者選定委員会等」で随意契約として決定される。実質的には、審査委員会が決定権をもつことになる。プロポーザル方式は、透明性のある選定方法であるが、ここにも大きな不正の落とし穴があったことになる。一般的な契約の不正事件は、予定価格や最低制限価格の漏洩に代表されるが、実は、プロポーザル方式の選定をめぐる恣意的な点数付けは、見えにくい不正事件の一つである。

　この事件から学ぶことは多い。まず、選定基準の決定であり、誰が選定委員になっても公平な選定基準を作ることである。また、全体を100点満点としたら、70点未満とは契約しないなど最低ラインを設定することが必要である。

　次に審査委員の選び方である。行政内部だけでなく外部委員や幹部職員以外の職員を入れるなどの工夫が必要である。また、審査委員は非公開という対応も考えられる。次に、審査項目別最高点と最低点を除外して平均点数を求める方法は、恣意的に高い点数や低い点数を付けた場合のリスクを軽減できる。

　しかしながら、以上のような対策を講じても、不正を100％防止することはできない。審査委員全員が不正に加担することも想定し、組織全体のコンプライアンスを確保していくことが求められる。不正の防止対策は、個別の対策だけではなく、組織全体の具体的な対策が必要であることは言うまでもない。

第6章

契約事務に関係する要綱・基準等

1 制限付き一般競争入札実施要綱

◇自治体契約は一般競争入札が原則であるが、参加資格を全く制限しなければ、入札参加者が多数となり、契約担当者の事務負担が増加するとともに、不適格事業者が参加するリスクがある。このデメリットを防止するため、自治令に制限付き一般競争入札制度が設けられている。

◇具体的な参加制限は、①制限付き一般競争入札を実施する対象工事等を規定し、さらに、②事業者の参加資格を設定することになる。

◇対象工事の規定は、自治体によって金額設定に大きな差があり「5億円以上のもの」と設定する自治体もあれば、指名競争入札を実施しない自治体では「130万円を超えるもの」と規定している事例もある。

◇事業者の参加資格の設定には、一般的な資格とともに、発注案件によっては、地元事業者の参加を促すための制限を設定している事例もある。

※自治体によっては、「条件付き一般競争入札」の名称を用いている。

◉制限付き一般競争入札の根拠と運用

ここが実務の CHECK・POINT

1. 制限付き一般競争入札の資格審査のミスで、参加資格を有しない事業者に参加通知を発送した事例がある。この種のミスを防止するためには、事後資格審査方式を採用することが有効と考えられる。

2. 事後資格審査方式は、入札後に落札者を資格審査するもので、契約担当者の事務を軽減できるとともに、正確な資格審査が期待できる。

3. 制限付き一般競争入札は、具体的な発注案件の公告において、特別な制限を設定することが可能である。その際、特定の事業者に有利に働くよう他の事業者を排除する資格制限を設定した事例があり、これを防止するためには、事務決裁責任者の厳格な確認が必要である。

●制限付き一般競争入札実施要綱等の規定項目の事例

趣旨	この○○は，○○市が発注する建設工事等の契約者を地方自治法第234条（契約の締結）第1項に定める一般競争入札の方法により決定するに際し，地方自治法施行令第167条の5の2に定めるところにより，当該入札に参加する者に必要な資格を定めて実施すること（以下「制限付き一般競争入札」という。）について，○○市契約事務規則に定めるもののほか，必要な事項を定めるものとする。	
対象工事等	①建設工事 ②設計委託 ③その他の委託	◇予定価格を基準に一定額以上を対象 ◇金額の区分は多様（1千万円・1億円以上・5億円以上など） ◇指名競争入札を実施していない自治体では「工事請負は130万円を超えるもの」としている事例
参加資格の主なもの【資格審査項目】		
①入札参加資格登録名簿に登録されているもの ②同種の工事種目等に登録されているもの ③建設業法の許可を受けているもの ④経営事項審査を受けているもの ⑤一定の行政区域で同種の工事等の実績があるもの ⑤指名停止措置を受けていないもの ⑥暴力団排除措置により除外措置を受けていないもの		

●制限付き一般競争入札実施フローと事後資格審査方式

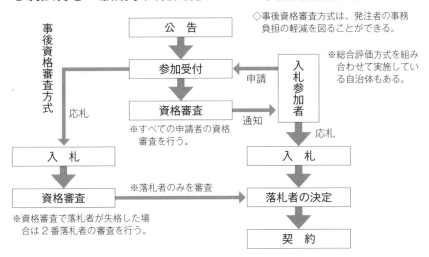

◇事後資格審査方式は，発注者の事務負担の軽減を図ることができる。

※総合評価方式を組み合わせて実施している自治体もある。

※すべての申請者の資格審査を行う。

※落札者のみを審査

※資格審査で落札者が失格した場合は2番落札者の審査を行う。

参考条文 自治令第167条の5の2

普通地方公共団体の長は，一般競争入札により契約を締結しようとする場合において，契約の性質又は目的により，当該入札を適正かつ合理的に行うため特に必要があると認めるときは，前条第1項の資格を有する者につき，更に，当該入札に参加する者の事業所の所在地又はその者の当該契約に係る工事等についての経験若しくは技術的適性の有無等に関する必要な資格を定め，当該資格を有する者により当該入札を行わせることができる。

2 指名基準と指名停止措置基準

◇指名競争入札は、指名業者選定委員会等で決定した指名業者によって、競争入札が行われる。その際、極めて重要な基準が指名基準である。この指名基準が適正に定められ、適正に運用される必要がある。

◇指名基準は、事業者の格付、工事等の区分、指名業者数から構成されるが、不適格事業者を指名しないことが基本である。

◇当然、指名停止になっている事業者は指名から排除される。そのため自治体には、指名停止措置基準が設けられている。

◇指名基準には、優先指名基準を設定している自治体が多い。地元事業者の育成、地域経済の維持発展などを目的としたものである。

◇事業者の格付、金額区分、指名業者数の設定については、工事と委託では内容を異にしている。また、自治体の規模、過去の経緯によって設定は異なっている。

◉指名競争入札の実施手順と「指名基準・指名停止措置基準」

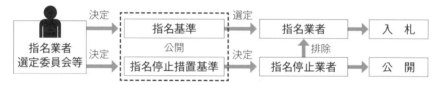

※指名基準及び指名停止措置基準は、要綱の形式を取る自治体が多い。

ここが実務の CHECK・POINT

1. 指名基準は、契約制度の原則である競争性を確保しつつ、事業の特性に合った適格事業者を選定するための基準であり、恣意的な改定が行われることのないようチェックする必要がある。

2. 指名基準は、公平に運用されなければならない。そのため、入契法施行令第7条第1項3号に、指名基準の公表が義務付けられている。

3. 指名停止措置基準については、暴力団関係での指名停止期間36か月という事例もあり厳格性が求められる。指名解除が恣意的に運用されないよう留意する必要がある。

●指名基準の事例

※点数は経営事項審査の総合評定値である。

事業者の格付	工事等の金額の区分	指名業者数
A　1,100 点以上	1.5 億円以上	10 者以上
B　800 ～ 1,100 点未満	0.3 ～ 1.5 億円未満	8 者以上
C　600 ～ 800 点未満	0.1 ～ 0.3 億円未満	6 者以上
D　600 点未満	0.1 億円未満	4 者以上

※工事等の金額の基準に対応した事業者の区分から指名することを基本とする。

▶ 1. 適格性の判定（選定の制限）に用いられる項目の事例

①経営状況・信用状況の確認	⑤指名停止中かどうかの確認…指名停止に なっている場合は指名から排除する。
②不正行為等の有無の確認	
③過去の工事成績の確認	
④監理技術者の配置状況の確認	

▶ 2. 優先指名の基準を設定している事例

①市内業者であること（市内に本社・支店が存在）
②同一工事で優れた工事実績があること
③高齢者、障がい者、地域雇用を推進していること
④災害復旧工事などで自治体に貢献があったこと

●指名停止措置基準の事例

※指名停止期間は、1 か月から 36 か月がある。

事故等に基づく措置	不正行為等に基づく措置
①虚偽記載	①贈賄
②過失による粗雑工事	②独禁法違反
③契約違反・締結拒否	③談合等
④安全管理により生じた公衆損害事故及び 　工事関係者の事故	④補助金の不正受給
	⑤暴力団関係、反社会的行為
	⑥建設業法違反
	⑦不誠実な行為
	⑧その他契約の適正化を妨げる行為

●指名基準の公表（入契法施行令第 7 条第 1 項 3 号）

（地方公共団体による入札及び契約の過程並びに契約の内容に関する事項の公表）

第 7 条　地方公共団体の長は、次に掲げる事項を定め、又は作成したときは、遅滞なく、当該事項を公表しなければならない。これを変更したときも、同様とする。

一　地方自治法施行令（昭和 22 年政令第 16 号。以下「自治令」という。）第 167 条の 5 第 1 項に規定する一般競争入札に参加する者に必要な資格及び当該資格を有する者の名簿

二　自治令第 167 条の 11 第 2 項に規定する指名競争入札に参加する者に必要な資格及び当該資格を有する者の名簿

<u>三　指名競争入札に参加する者を指名する場合の基準</u>

③ 参加希望型指名競争入札実施要綱

◇適正化指針【第2-1-（1）-①後段】には、「<u>いわゆる公募型指名競争入札等を積極的に活用するものとする。</u>」との記述がある。

◇参加希望型指名競争入札は、自治令の規定にはなく、適正化指針では「公募型指名競争入札」と表現されている。

◇対象とする契約は、工事請負契約が大半であり、金額設定区分（○○万円以上）を設け、一般競争入札、指名競争入札と同等の資格要件を設定している。

●参加希望型指名競争入札の根拠と運用

※自治体における規定では、要綱又は要領の形式の場合が多い。

ここが実務の CHECK・POINT

1. 参加希望型指名競争入札は、入札参加意欲を申請によって確認することから、入札辞退事業者はないと考えられるが、対象工事の公表内容によっては、特定の事業者に有利に働く場合がある。

2. したがって、要綱等の適宜見直しを図るとともに、対象工事の公表にあたっては、指名業者選定委員会等の承認を得るなど、透明性が確保されているかチェックする必要がある。

3. 一者入札は、談合を誘発するなどの問題もあり、参加希望型指名競争入札で、これを容認するかどうかは、慎重に判断すべき課題である。

4. 公表事項中、予定価格及び最低制限価格の公表については、他の契約における公表の整合性を確認する必要がある。

5. 参加希望型指名競争入札と総合評価方式を組み合わせる場合もある。この場合、事前審査情報の漏洩を防止する観点からは、事後資格審査方式が有効と考えられる。

●参加希望型指名競争入札の実施要綱等に規定される項目の事例

目的と定義の事例	この要綱は、指名競争入札における透明性、公正性及び競争性の向上を目的として工事参加希望型指名競争入札を実施することについて、〇〇市契約事務規則に定めるもののほか必要な事項を定めるものとする。 （定義） 第2条 この要綱において「工事参加希望型指名競争入札」とは、市が発注する建設工事の入札にあたり、事前に工事概要、参加資格要件等を公表し、建設業者の参加意欲を反映させた指名競争入札をいう。

対象工事	公表事項	資格要件
◇一般競争入札以外の工事で予定価格〇〇〇万円以上のものを対象とする。 ◇工事等の種類は、土木工事、建築工事、設備工事とする。	工事件名、工事業種、工事場所、工事期間、工事概要、予定価格と最低制限価格【事前公表の場合】、前払金、参加資格要件、申込手続	◇一般競争入札及び指名競争入札の参加資格と同等の参加資格

※要綱等に「参加事業者数（2～4者）を下回る場合は、入札を中止する」旨の規定を設けているのが一般的である。

●参加希望型指名競争入札の実施フローと事後資格審査方式

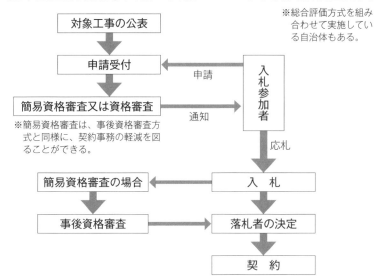

※総合評価方式を組み合わせて実施している自治体もある。

※簡易資格審査は、事後資格審査方式と同様に、契約事務の軽減を図ることができる。

4 最低制限価格・低入札価格調査基準取扱要綱

基本ルール

◇最低制限価格、低入札価格調査は、いずれの制度も自治令第167条の10に根拠があり、その目的は、ダンピング受注の防止である。

◇ダンピング受注は、手抜き工事を招くこと、工事の品質が低下すること、下請業者へのしわ寄せによる労働者の賃金及び労働条件の悪化を招くこと、さらには、安全対策の不徹底につながるとともに、若年労働者の減少の原因となり、建設業全体の発展を阻害するものである。

◇国においては、「公契連モデル」を発表している。これは「中央公共工事制度運用連絡協議会」が決定したもので、自治体に対しても、このモデルに沿った価格設定を要請している。

◇中央公共工事制度運用連絡協議会は、昭和58年6月15日に設立され、現在、中央省庁13機関、特殊法人等18機関が構成員となっている。

※最低制限価格取扱要綱、低入札価格調査実施要綱の名称が多い。

●最低制限価格・低入札価格調査制度の目的と根拠

公共工事のダンピング受注の防止 → 自治令第167条の10第1項【低入札価格調査】／自治令第167条の10第2項【最低制限価格】 → いずれかの制度を設けることが重要 → 公共工事契約の適正化の推進

ここが実務のCHECK・POINT

1. 最低制限価格の設定及び低入札価格調査制度のいずれも実施していない自治体があるが早急に制度化を検討すべきである。

2. 公契連モデルに沿うことは、国の要請であるが、これに関わらず自治体でダンピング受注競争が行われることは、公共工事の品質低下とともに、様々な形で地域経済にマイナス面が発生することに留意する。

3. 価格の事前公表については、当該近傍価格に入札が誘導され、同額入札による「くじ引き」の原因となっている。さらに、適正な競争を阻害することから、事後公表に切り替えることを検討する。

4. 事後公表に切り替えた場合、価格等は守秘義務の対象となるため、厳格に管理をすることが官製談合などの不正防止につながる。

●最低制限価格・低入札価格調査制度の運用フロー

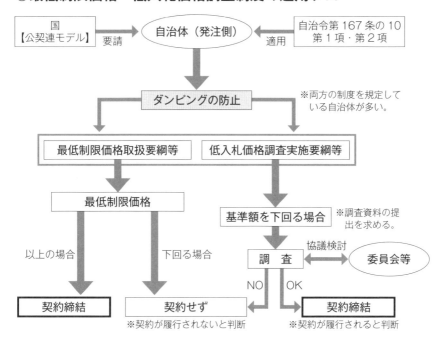

●公契連モデルの基準価格の設定（令和4年3月4日最終改正）

　工事の請負に係る競争契約において、相手方となるべき者の申込みに係る価格によっては、その者により当該契約の内容に適合した履行がされないこととなるおそれがあると認められる場合の基準は、その者の申込みに係る価格が次に掲げる額に満たない場合とする。

1　予定価格算出の基礎となった次に掲げる額の合計額。ただし、その額が、予定価格に10分の9.2を乗じて得た額を超える場合にあっては10分の9.2を乗じて得た額とし、予定価格に10分の7.5を乗じて得た額に満たない場合にあっては10分の7.5を乗じて得た額
　①　直接工事費の額に10分の9.7を乗じて得た額
　②　共通仮設費の額に10分の9を乗じて得た額
　③　現場管理費の額に10分の9を乗じて得た額
　④　一般管理費等の額に10分の6.8を乗じて得た額

2　特別なものについては、1にかかわらず、契約ごとに10分の7.5から10分の9.2までの範囲内で契約担当官等の定める割合を予定価格に乗じて得た額

※国は、自治体に対して最新の公契連モデルに沿った最低制限価格等の設定を要請している。
※公契連モデルに関して、令和4年3月9日、国から通知が出されている。（総行行第77号・国土入企第38号【総務省・国交省局長連名】）
※国においては、予算決算及び会計令第85条の基準として、最低制限価格等の設定する工事を1,000万円以上としている。
※令和3年10月1日現在の調査で、公契連モデル【平成31年3月】を採用している市区町村は、低入札価格調査基準価格において、35.4%に留まっている。

5 総合評価方式実施要綱

基本ルール

◇公共工事の総合評価方式は品確法の趣旨に基づくものであり、事業者の工事の施工能力等を的確に反映することにより、品質及び性能の確保、安全性の向上、施設の長寿命化を図ることを目的にしている。

◇国の適正化指針においては、参加者の施工能力、災害時の迅速な対応等の地域特性及び工事特性に応じた評価項目の設定を求めている。

◇落札者決定基準が極めて重要であるが、自治体の工夫によって、①評価値＝（価格点＋技術点）、②評価値＝（技術評価点／入札価格点）、③評価値＝（100+加算点）／入札価格×定数などの方式がある。

◇総合評価方式の実施にあたっては、関係者の意見を十分に踏まえ、公平性、透明性のある制度の運用でなければならない。

※自治体によって、要綱、要領の形式を用いている。試行実施している自治体もある。

◉総合評価方式の根拠と運用

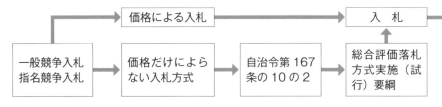

ここが実務の CHECK・POINT

1. 総合評価方式は、審査の透明性と公平性が特に求められることから、制度の運用開始にあたっては、識見者の意見を踏まえて落札者決定基準を定めることが必要である。また、具体的な入札案件の決定と入札公告にあたっては、指名業者選定委員会等の決定を必要とするなど、恣意的な運用がなされないよう厳格なチェックが必要である。

2. 制度の運用は、技術評価資料の提出を求め、職員が評価点を算出することになるが、不正事件の事例として、この技術評価点を特定の事業者に漏らし、価格提案を有利にさせたケースがある。防止策としては、入札後に技術評価点を確定する事後審査方式も有効と考えられる。

3. 総合評価方式は、制限付き一般競争入札、指名競争入札で実施されるため、制度全体の運用を適宜見直しする必要がある。

●総合評価方式の種類と特徴

特別簡易型	技術的な工夫の余地が小さい小規模な工事で、同種工事の施工実績等の簡易な評価項目と価格を総合的に評価する方式
簡易型	技術的な工夫の余地が小さい小規模な工事で、簡易な施工計画、同種工事の施工実績や工事成績等の評価項目と価格を総合的に評価する方式
標準型	技術的な工夫の余地が大きく、施工上の工夫等の技術提案を受けることが適切な工事に採用される方式
高度技術提案型	技術的な工夫の余地が大きく、高度な技術提案を受けることが適切な工事に採用される方式

※特別簡易型【市町村特別簡易型】の実施例が多く、試行実施の事例も多い。

●総合評価方式を実施する場合の手順【特別簡易型の事例】

●総合評価値と技術評価項目の例

◇総合評価値＝【価格点】＋【技術点】
◇総合評価値を100とした場合、その割合は、「90:10」から「50:50」など自治体によって異なる。

技術力	企業の施工能力	工事成績評定 85点以上→5点
		同種工事の施工実績
	配置予定技術者	同種工事の経験
		保有資格
社会性	地域性	事業所所在地
		災害協定の有無
		消防団員の雇用
		緊急対応工事の実績
		ボランティア活動の実績
	労働環境等	労務単価の確保
		退職金制度
		高齢者・障がい者雇用
		社会保険への加入

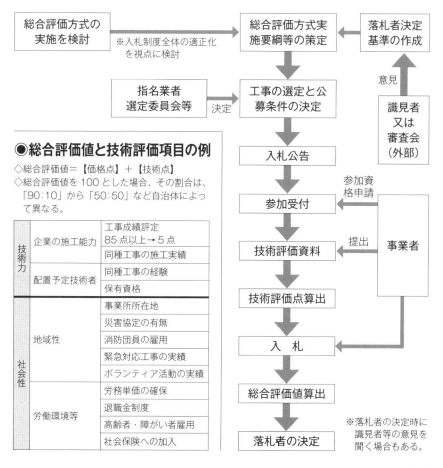

6 複数年度契約実施要綱

◇複数年度契約のルール化（実施要綱等）は、契約制度全体の適正化に向けた契約規律を確保するねらいがある。

◇複数年度契約を可能とする法的根拠は、自治法の規定上は、継続費、債務負担行為、長期継続契約がある。個別法では、PFI法があげられる。

◇単年度契約は、①行政サービスの継続性を確保するため、短期間に契約手続きを行う必要があり、②その結果、特定の事業者との契約が増加し、③新規の参入を排除するなどの弊害が生じている。

◇これらの弊害を改善するため複数年度の契約は有効であり、競争性、経済性を図ることができる。

※自治体によって、実施要綱、ガイドライン等の形式が用いられている。

●複数年度契約の選択肢

```
                                    基本
┌─────────┬──────────┐      ┌──────┐      ┌──────────┐      ┌────────┐
│         │ ・施設建設 │      │      │      │◇契約期間があら │      │        │
│ 行政サー │ ・施設管理 │ ──→ │単年度 │ ──→ │ かじめ複数年度 │ ──→ │複数年度 │
│ ビスの提供に │ ・業務委託 │      │契約   │      │ にわたるもの   │      │契約の   │
│ 必要なもの │ ・物品調達 │      │      │      │◇積極的に複数 │      │選択肢   │
│         │          │      │      │      │ 年度契約を活用 │      │        │
└─────────┴──────────┘      └──────┘      └──────────┘      └────────┘
                                    自治法第208条
```

ここが実務の CHECK・POINT

1. 複数年度契約は、契約によって次年度以降の予算を拘束する。したがって、財政規律の面からは、債務負担行為を積極的に活用すべきであり、長期継続契約との住み分けを明確にチェックする必要がある。

2. 単年度契約にこだわり、かつ行政サービスの継続性を重視したため、不調を恐れ委託業務について特定の事業者に対して談合を促した不正事件が発生している。行政サービスの適正化を図った結果が不正事件となった事例である。不正防止の面からも、債務負担行為の積極的活用が期待される。

3. 平成16年、自治令の改正によって長期継続契約の枠の拡大が図られたが、運用に関しては無制限に拡大されることのないようチェックする必要がある。

●複数年度契約の種類とその特徴

※法…自治法

制　　　度	内容等	適用事例
継続費 （法第212条）	◇単独の工事請負契約 ◇国庫補助金、地方債対象事業に適用	○○施設建設事業 △△学校建替事業
債務負担行為 （法第214条）	◇単独の業務委託契約	○○計画策定委託
	◇複数年度の施設維持管理委託等	ごみ収集委託 指定管理者制度による運営 包括的管理委託による施設維持管理
長期継続契約 （法第234条の3）	◇自治令第167条の17の規定に基づく条例に定めたもの	庁舎清掃委託 電気・ガス・水道等の契約 OA機器等のリース契約等
PFI法	◇施設の建設及び運営を一括して契約 ◇契約期間は長期にわたる ◇PFI法の規定により議会の議決が必要 ◇予算の債務負担行為を設定	○○文化施設建設 △△病院建設 給食センター建設 （いずれも運営を含む）

※ PFI法…「民間資金等の活用による公共施設等の整備等の促進に関する法律（1999年7月）」
※ PFI（Private Finance Initiative プライベート・ファイナンス・イニシアティブ）とは、公共施設等の設計、建設、維持管理及び運営等を、民間の資金、経営能力及び技術的能力を活用して行う手法である。

●複数年度契約実施要綱を制定する意義

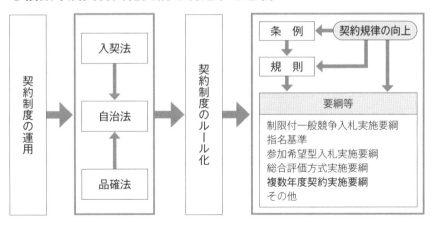

7 プロポーザル方式等実施要綱

◇プロポーザル方式は、随意契約を実施するにあたって、事業者の技術力・企画力・創造性等の企画提案を重視し、随意契約の公正性、透明性、客観性を図る方法として自治体に定着している。

◇対象事業は特に制限はなく、価格競争に適さないことを前提に、設計・コンサル委託、電算システム開発事業委託、保育園運営事業者の選定、介護保険施設の整備事業者の選定、普通財産売却先事業者の選定など幅広い分野にわたっている。

◇個別事業ごとに実施要綱を定め、個別に設置された選定委員会が選定した契約候補者を指名業者選定委員会等が随意契約の相手方として決定する方法がとられている。

※自治体によって、実施要綱、ガイドライン等の形式が用いられている。

●プロポーザル方式による契約

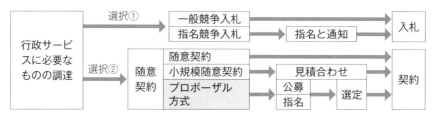

ここが実務の CHECK・POINT

1. プロポーザル方式は、審査基準の決定とともに、事業の特性に合わせ、選定委員会の構成は、行政内部委員が妥当か、外部委員が妥当かを判断し、公正性、透明性、客観性を図ることが重要である。

2. 配点方式も重要であり、過去の不正事件で、庁内委員の複数が、特定の事業者に高い点数を意図的に配点した事例が摘発されている。

3. 意図的な配点を防止するためには、審査項目ごとに、一番高い点数及び一番低い点数をカットし平均点を算出する方法は有効と思われる。

4. 外部委員の選定を行った場合、委員名は非公開とし、委員名の漏洩が発生しないよう厳格な対策が求められる。

●プロポーザル方式実施要綱等に定める目的と定義の事例

目的の事例	○○市が発注する業務、不動産の売却・貸付等「以下「業務」という。」に関し、プロポーザル方式により契約の相手方となる候補者を選定する場合の手続について、共通して遵守すべき事項を定めることにより、プロポーザル方式による契約の公正性、透明性及び客観性を確保し、もって契約事務の適正、かつ、円滑な運用を行うことを目的とする。
定　義	プロポーザル方式とは、業務の性質又は目的が価格のみによる競争入札に適さないと認められる場合において、事業者に係る業務実績、専門性、技術力、企画力、創造性等を勘案し、総合的な見地から判断して最適な事業者と契約を締結するため、発注する業務に係る企画提案等を受け、その履行に最も適した契約候補者を選定する方式をいう。

●プロポーザル方式による契約の進め方

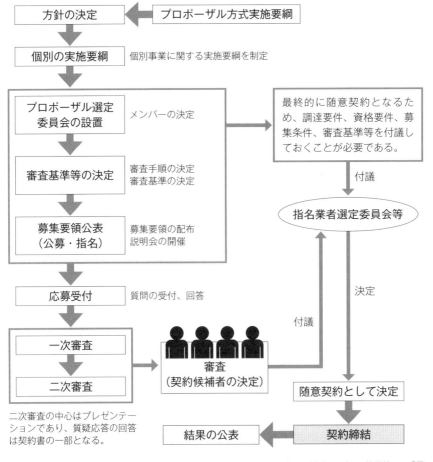

二次審査の中心はプレゼンテーションであり、質疑応答の回答は契約書の一部となる。

8 予定価格等公表基準

基本ルール ···●

◇予定価格、最低制限価格、低入札調査基準価格の公表基準については、特段、自治法等に規制はなく、各自治体の判断で設定されている。

◇過去の経緯を見ると、事後公表の時代には、価格の漏洩事件が発生し、これを防止するために、事前公表が実施された。平成19年くらいまでは、事前公表を実施する自治体が増加したといわれている。

◇その後、事前公表の弊害が指摘され、事後公表に切り替える自治体が増加している。

◇国の適正化指針では、最低制限価格、低入札調査基準価格は、事前公表しないことを求めている。

※自治体によって、要綱、取扱要項、基準等の形式が用いられている。

●予定価格等の運用の経緯

●予定価格等の公表基準のルール【自治体の選択肢】

	事前公表	事後公表	適用実績等
予定価格	○	○	建設工事・修繕・委託・物品
最低制限価格	○	○	建設工事・委託
低入札調査基準価格	○	○	建設工事・委託

※法律上の制約規定はなく、各自治体の判断に委ねられている。

ここが実務のCHECK・POINT ····································●

1. 予定価格等を事後公表に切替た場合、価格漏洩など不正事件のリスクが高まることを踏まえ、不正防止に向けた情報管理の徹底が必要となる。

2. 予定価格等の事前公表、事後公表は、他の自治体との比較及び当該自治体の契約制度全般の検証結果が判断の前提となる。

●自治体における公表基準の設定事例 -1

	予定価格	最低制限価格	備　考
①建設工事　130万円を超えるもの	事前公表		条件付き一般競争入札を対象とする。（この自治体は指名競争入札を実施していない。）
②修繕　50万円を超えるもの			
③役務の提供に係る委託　50万円を超えるもの	事前公表	事後公表	
④物品の買入　80万円を超えるもの			
⑤物品の借入　40万円を超えるもの			

※不調になった契約を除き、表の金額以下の契約は全件を事後公表している。

●自治体における公表基準の設定事例 -2

	予定価格	最低制限価格	低入札調査基準価格
①　ほ装、造園、電気、管の工種5千万円未満	事前公表	事後公表	
②　上記以外の工種　1億円未満			
③　①②以外のもの			

●予定価格等の事前公表のデメリット

最低制限価格・低入札調査基準価格	予定価格
①当該価格近傍へ入札が誘導されるとともに、入札価格が同額の入札者間のくじ引きによる落札等が増加する。 ②適切な積算を行わずに入札を行った建設業者が受注する事態が生じる。 ③建設業者の真の技術力、経営力による競争を損ねる弊害が生じうる。	①予定価格が目安となって競争が制限され、落札価格が高止まりになる。 ②建設業者の見積努力を損なわせる。 ③入札談合が容易に行われる可能性がある。 ④低入札価格調査の基準価格又は最低制限価格を強く類推させ、同様の弊害が生じかねない。

> **参考条文**　適正化指針第2-4-（5）［抜粋］
> （5）低入札価格調査の基準価格等の公表時期に関すること
>
> 　予定価格については、入札前に公表すると、予定価格が目安となって競争が制限され、落札価格が高止まりになること、建設業者の見積努力を損なわせること、入札談合が容易に行われる可能性があること、低入札価格調査の基準価格又は最低制限価格を強く類推させ、これらを入札前に公表した場合と同様の弊害が生じかねないこと等の問題があることから、入札の前には公表しないものとする。
>
> 　なお、地方公共団体においては、予定価格の事前公表を禁止する法令の規定はないが、事前公表の実施の適否について十分検討した上で、上記弊害が生じることがないよう取り扱うものとし、弊害が生じた場合には、速やかに事前公表の取りやめを含む適切な対応を行うものとする。

9 随意契約ガイドライン等

基本ルール

◇随意契約は、公正性の担保とともに、契約案件ごとに、その透明性を確保する必要がある。また、契約案件ごとの特殊性、緊急性、合理性、経済性などが総合的・客観的に説明できるものでなければならない。

◇近年、随意契約を巡る官製談合事件が多発している。これは、担当課への権限の委譲のあり方とともに、随意契約全体のチェック機能が働いていない証左でもある。

◇随意契約には、見積書の徴取による複数事業者の競争による随意契約と、一者随契（特命随意契約）がある。特に、特命随意契約においては、随意契約の必要性と理由、根拠法令を明確にする必要がある。

◇自治体によっては、ガイドラインを作成していなかったり、公開していない自治体もあり、不正の防止の観点からも公開すべきであろう。

※ガイドラインを作成し公表している自治体と内規で対応している自治体がある。

●随意契約ガイドラインの作成へ

ここが実務の CHECK・POINT

1. 契約内容の確認は、①随意契約の根拠法令、②契約の相手方を選定した理由とプロセスを厳格に確認することが不正防止につながる。したがって、その具体的な運用の根拠となるガイドラインの作成が必要である。

2. 自治令第167条の2第1項第3号、4号は自治体の規則によって、実績の公開が義務付けられている場合が多い。他の随意契約についても契約実績を積極的に公開することが、不正事件の抑止力になる。

3. 公開にあたっては、迅速性とともに、契約担当課や、事務管理部門、コンプライアンス部門、監査事務局など多方面からチェックすることが、不正防止対策につながる。

●随意契約の全体像

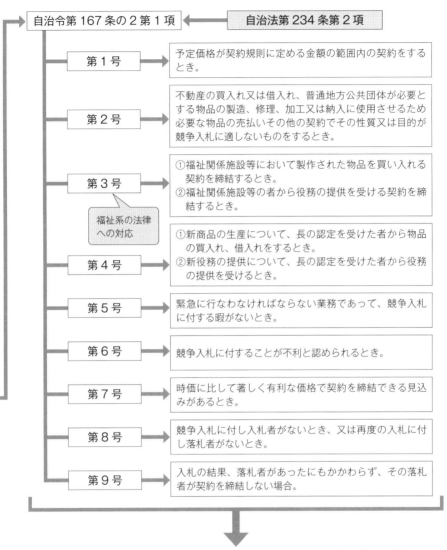

自治令第167条の2第1項 ◀ 自治法第234条第2項

第1号	予定価格が契約規則に定める金額の範囲内の契約をするとき。
第2号	不動産の買入れ又は借入れ、普通地方公共団体が必要とする物品の製造、修理、加工又は納入に使用させるため必要な物品の売払いその他の契約でその性質又は目的が競争入札に適しないものをするとき。
第3号	①福祉関係施設等において製作された物品を買い入れる契約を締結するとき。 ②福祉関係施設等の者から役務の提供を受ける契約を締結するとき。
第4号	①新商品の生産について、長の認定を受けた者から物品の買入れ、借入れをするとき。 ②新役務の提供について、長の認定を受けた者から役務の提供を受けるとき。
第5号	緊急に行なわなければならない業務であって、競争入札に付する暇がないとき。
第6号	競争入札に付することが不利と認められるとき。
第7号	時価に比して著しく有利な価格で契約を締結できる見込みがあるとき。
第8号	競争入札に付し入札者がないとき、又は再度の入札に付し落札者がないとき。
第9号	入札の結果、落札者があったにもかかわらず、その落札者が契約を締結しない場合。

（第3号の横に）福祉系の法律への対応

▶具体的な事例を網羅したガイドラインによる透明性の確保

随意契約	➡	随意契約ガイドラインによる運用
小規模随意契約 （見積合わせ）	➡	小規模随意契約処理要領などによる運用

※随意契約ガイドライン等を作成していない自治体もある。

10 入札者心得

◇各自治体には、規則や要綱等の形式をとらない「入札者心得（書）」が制定されている。

◇その形式は、契約事務規則の別記様式として位置付けるケースや、単独で決裁された内部規定に位置付けられているケースもある。

◇いずれの形式をとったとしても、この入札者心得（書）の性質は、①入札参加者に守ってもらわなければならないルール、②自治体の契約事務規則等に規定された事項のうち、入札参加者にあらかじめ了解してもらう事項が記載されている書類である。

◇したがって、入札者心得（書）は、自治体内部で使用するというよりも、様々な機会を通して、入札参加者に周知するための書類である。

◇入札者心得（書）であっても、内容に不適正な記述があってはならない。法改正、制度改正と整合性のとれたものでなければならない。

※「入札者心得」「入札者心得書」の二つのパターンがある。

●入札者心得の位置付け

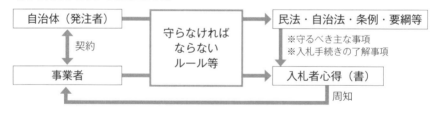

ここが実務の CHECK・POINT

1. 自治体契約は、厳格に参加資格が設定されるので、入札者心得（書）の規定の中では、特に、指名の取消、参加制限に関する部分は、入札参加者にとって重要である。

2. 入札心得（書）は、その性格から入札参加者に広く周知することで、自治体契約の適正化を図り、不正の防止につなげることが重要である。

3. 契約に関する法令等の改正及び契約制度のルールの変更が実施された場合は、入札者心得（書）の見直しを行い、例規等との齟齬を生じさせない対応が必要である。

●入札者心得に規定されている主な項目の事例

趣旨	第○条 この心得は、工事又は製造の請負、設計、測量等の委託、物件の買入れその他の契約の締結について、○○市が行う競争入札に参加する者（以下「入札参加者」という。）が守らなければならない事項を定めるものとする。
指名の取消し・参加制限等等	◇入札参加者は、当該入札に係る契約を締結する能力を有しない者又は破産者で復権を得ない者となった場合は、直ちに届け出なければならない。 ◇入札参加者が次の各号のいずれかに該当する者となった場合は、その者に対して行った指名、若しくは入札参加資格確認の結果を取消し、入札に参加させないことがある。これに該当する者を代理人、支配人、その他の使用人又は入札代理人として使用した場合も同様とする。 （1）契約の履行に当たり、故意に工事若しくは製造を粗雑にし、又は物件の品質若しくは数量に関して不正な行為をした者 （2）競争入札又はせり売りにおいて、その公正な執行を妨げた者又は公正な価格の成立を害し、若しくは不正な利益を得るために連合した者 （3）落札者が契約を締結すること又は契約者が契約を履行することを妨げた者 （4）地方自治法（昭和22年法律第67号）第234条の2第1項の規定による監督又は検査の実施に当たり、職員の職務の執行を妨げた者 （5）正当な理由がなくて契約を履行しなかった者 （6）前各号のいずれかに該当する事実があった後2年を経過しない者を契約の履行に当たり代理人、支配人、その他の使用人として使用した者
札保証金の納付等	入札保証金及びそれに代わる担保等の提供
入札の基本的事項の順守	提出書類、適正な積算資料の作成など
公正な入札の確保	談合行為の禁止等
下請の選定	相指名業者、入札参加停止業者への下請の禁止
入札の方法	入札書の提出、郵便入札、電子入札、委任・代理の禁止
入札の中止、入札の辞退	辞退の手続き、中止の条件
入札の無効、落札者の決定	無効の条件、落札者の決定条件
再度入札・くじ引き	再度入札・くじ引きの手続き
契約書の提出、省略	契約書及び関係書類の提出、省略の条件
契約の確定	契約の確定条件、相互供給の禁止
入札保証金の返還等	入札保証金の返還、没収等の条件
議会の議決による契約	仮契約を締結し、議会の議決後に本契約
電子入札の具体的手続き	別に定める実施要綱を順守
その他	各自治体で必要な事項

公共工事に関わる事務上のミスから大きな影響が発生！

　平成30（2018）年度、I県Y市において「子ども・子育て支援整備交付金」の内示取消しという事件が発生した。予定していた交付金22,135千円（国17,708千円、県4,427千円）が取り消され財源に穴が空く結果となった。事業計画は、小学校敷地内の「子どもルーム」の増設事業であり、平成29年度から30年度の2か年事業として、県との協議で交付金が決定したものである。

　平成30年度の予算執行にあたり、工事請負契約の手続きを進め、平成30年5月31日に工事請負契約を締結し、6月1日に着工した。一方、歳入の交付金は、同年6月28日付の内示通知を7月2日に受理し、7月13日に交付申請書を県に提出した。しかし、同年9月11日、内閣府から、内示前の工事着工であったことを理由に、交付金は不交付との通知があった。

　この事件は、国の交付金は内示後に着工することが事務連絡等で注意喚起されていたにも関わらず、これを見逃した職員のミスが原因である。職員に悪意はなく、法律に違反をしているわけではない。しかし、予定していた22,135千円もの財源が不足する事態となった。施設建設は工事請負契約が成立しているので、当然、契約解除はできず、財源不足は、結果的に市民の税金で賄うこととなった。

　市は、この事件に関して、平成31（2019）年2月に監査委員に対して監査の要求（自治法第199条第6項）をしている。交付金22,135千円が不交付になった職員の賠償責任の有無と対象職員の範囲について意見を求めたものである。これに対して監査委員は、「責任を組織全体で受けとめることなど公平に配慮をすることが不可欠」との判断を示した。

　市は、令和元（2019）年9月定例会において、職員全員の地域手当1%を令和元年10月から令和4年3月まで減額する条例改正案を議会に提出し可決されている。職員全体の補填額の総額は約7,500万円にのぼる。同時期に発覚した過去の公営住宅家賃の過少徴収（約5,250万円）と合わせた額である。もちろん、市長、副市長の給与減額と関係職員の懲戒処分も実施されている。

　交付金の不交付及び公営住宅の過少徴収も、いずれも職員の事務的ミスであるが、その影響は限りなく大きい。市に対する信頼が損なわれると同時に、職員全体の給与減額という事態を招いたのである。

　あらためて、契約事務等の執行にあたって、不正事件の防止は当然のこととして、重大な事務的ミスの発生防止について考えさせられる事件である。

第7章

契約書の様式等の種類

1 公共工事標準請負契約約款

基本ルール

◇契約約款は、中央建設業審議会により、昭和25（1950）年2月21日に決定された。決定以前は、契約を巡るトラブルが発生しており、この紛争防止のために制定されたものである。

◇中央建設業審議会は、①標準的な契約約款を決定する、②経営事項審査の項目と基準について意見を述べる、③入契法に基づく適正化指針について意見を述べる、を役割としている。

◇中央建設業審議会は、公共土木設計業務等標準委託契約約款を決定し、さらに、民間工事に関する約款も決定している。

◇契約約款は、直近では令和2年4月1日に施行された改正民法及び令和元年に改正された入契法、建設業法、品確法の改正内容が反映されている。

●公共工事標準請負契約約款の位置付け

建設業法第34条

↓

中央建設業審議会 1949年8月20設置

→ 決定

契約書名	最終改正日
公共工事標準請負契約約款	令和4年9月2日
民間建設工事標準請負契約約款（甲）	〃
民間建設工事標準請負契約約款（乙）	〃
建設工事標準下請契約約款	〃
公共土木設計業務等標準委託契約約款	令和4年7月13日

※本頁では、公共工事標準請負契約約款を略して「契約約款」と表記する。

ここが実務の CHECK・POINT

1. 公共工事の請負契約にあたっては、任意の契約書ではなく契約約款を使用することで、契約トラブルのリスクを軽減できる。

2. 契約約款は、表題部を除き、全62条で構成されている。各条文の中においても（A案）（B案）等の選択肢があるので、工事の内容によって適正に選択されているか確認する必要がある。

3. 契約書に規定する必要のない条文があった場合は、当該条文を削除して条文を繰り上げるとミスの原因になる。その対策として、契約書の特約条項に不適用条文を列挙する方法が、ミスの防止対策になる。

建設工事請負契約書

一　工事名	六　契約保証金
二　工事場所	七　調停人
三　工期	（八　建設発生土の搬出先等）
四　工事を施工しない日（工事を施工しない時間帯）	（九　解体工事に要する費用等）
五　請負代金額	（十　住宅建設瑕疵担保責任保険）

上記の工事について、発注者と受注者は、各々の対等な立場における合意に基づいて、別添の条項によって公正な請負契約を締結し、信義に従って誠実にこれを履行するものとする。また、受注者が共同企業体を結成している場合には、受注者は、別紙の共同企業体協定書により契約書記載の工事を共同連帯して請け負う。本契約の証として本書　通を作成し、発注者及び受注者が記名押印の上、各自一通を保有する。

令和　年　月　日　　　　発注者　住所　　　　氏名　　　　印
　　　　　　　　　　　　受注者　住所　　　　氏名　　　　印

1（総則）	37（前払金の使用等）
2（関連工事の調整）	38（部分払）
3（請負代金内訳書及び工程表）	39（部分引渡し）
4（契約の保証）	40（債務負担行為に係る契約の特則）
5（権利義務の譲渡等）	41（債務負担行為に係る契約の前金払及び中間前金払の特則）
6（一括委任又は一括下請負の禁止）	42（債務負担行為に係る契約の部分払の特則）
7（下請負人の通知）	43（第三者による代理受領）
8（特許権等の使用）	44（前払金等の不払に対する工事中止）
9（監督員）※1	45（契約不適合責任）※2
10（現場代理人及び主任技術者等）	46（発注者の任意解除権）
11（履行報告）	47（発注者の催告による解除権）
12（工事関係者に関する措置請求）	48（発注者の催告によらない解除権）
13（工事材料の品質及び検査等）	49（発注者の責めに帰すべき事由による場合の解除の制限）
14（監督員の立会い及び工事記録の整備等）	50（公共工事履行保証証券による保証の請求）
15（支給材料及び貸与品）	51（受注者の催告による解除権）
16（工事用地の確保等）	52（受注者の催告によらない解除権）
17（設計図書不適合の場合の改造義務及び破壊検査等）	53（受注者の責めに帰すべき事由による場合の解除の制限）
18（条件変更等）	54（解除に伴う措置）
19（設計図書の変更）	55（発注者の損害賠償請求等）
20（工事の中止）	56（受注者の損害賠償請求等）
21（著しく短い工期の禁止）	57（契約不適合責任期間等）
22（受注者の請求による工期の延長）	58（火災保険等）
23（発注者の請求による工期の短縮等）	59（あっせん又は調停）
24（工期の変更方法）	60（仲裁）
25（請負代金額の変更方法等）	61（情報通信の技術を利用する方法）
26（賃金又は物価の変動に基づく請負代金額の変更）	62（補則）
27（臨機の措置）	
28（一般的損害）	
29（第三者に及ぼした損害）	
30（不可抗力による損害）	
31（請負代金額の変更に代える設計図書の変更）	
32（検査及び引渡し）	
33（請負代金の支払）	
34（部分使用）	
35（前金払及び中間前金払）	
36（保証契約の変更）	

この契約書を基に必要な条文を整理することで、契約上のトラブルを防止することができます。

※1　第9条の監督員のように設置が任意なものもあるが、公共工事の適正化に必要な対応が契約書に盛り込まれているか確認する必要があります。

※2　第45条の契約不適合責任（従前の隠れた瑕疵の責任）については、改正民法により変更になったものであり、特に重要な条文であることから、契約内容を十分確認しておく必要があります。

2 その他の契約書の種類等

◇中央建設業審議会が定めた契約約款を使用しない委託契約及び物品購入契約、賃貸借契約などについては、自治体独自で標準的な契約書が定められている。その制定内容は自治体の規模、過去の経過等によって異なっており、その分類等に正解はない。

◇自治体のホームページでは、契約に使用する標準的な契約書が公開されており、かなり細分化されている例もある。これは、契約事務の効率化とともに、不正及び事務的ミスの防止に効果的だと考えられる。

◇契約書及び提出書類を体系的に整理し、公表することは、自治体職員のマニュアルとなり、受注側の関係者にとっても契約事務の効率化につながる。

●自治体で使用する各種契約書の様式

※本頁では、公共工事標準請負契約約款を略して「契約約款」と表記する。

ここが実務の CHECK・POINT

1. 自治体の定めた標準契約書を用いないで、契約の相手方から契約書が提示されることがある。この場合、契約相手方に有利になるような条件が盛り込まれていることもある。

2. この種の契約書については、法務担当、会計管理者によるリーガルチェックとともに支払条件等を確認する必要がある。

3. 委託契約の場合、契約自体が民法上の請負、委任、準委任のどれに該当するか明確にチェックする必要がある。

4. 契約締結後、契約書の再作成が必要なミスが発見されることがある。これは、事務負担が二重になるため、文言のチェックは厳格に実施することが必要である。

●標準契約書様式の公開事例

▶建設工事

契約書名	説　明
1 建設工事請負契約書（A）	130万円超1,000万円未満の工事用
1 建設工事請負契約書（A）	130万円超1,000万円未満の工事用（前金払有）
2 建設工事請負契約書（B）	1,000万円以上1億5,000万円未満の工事用
3 建設工事請負仮契約書（A）	1億5,000万円以上用
4 建設工事請負仮契約書（B）	1億5,000万円以上で共同企業体（JV）用
5 建設工事請負変更契約書	1億5,000万円未満の変更契約用
6 建設工事請負変更仮契約書	1億5,000万円以上の変更契約用
7 建設工事下請契約書（参考例）	下請を使用する場合の契約書参考例
8 リサイクル法関係特約書面（No.1）	建築物の解体に関する特約書面
9 リサイクル法関係特約書面（No.2）	建築物の新築に関する特約書面
10 リサイクル法関係特約書面（No.3）	土木工事に関する特約書面
11 暴力団排除に関する特約書面 （平成25年4月1日施行）	受注者に関する情報の警察への照会並びに暴力団等から業務妨害または不当要求を受けた場合における発注者への報告及び警察への届出義務に関する特約書面

▶建設工事に係る委託業務

契約書名	説　明
1 業務委託契約書（A）	測量、調査などの業務委託用
2 業務委託契約書（B）	土木工事関係設計業務委託用
3 業務委託契約書（C）	建築工事関係設計業務委託用（著作権発注者）
4 業務委託契約書（D）	建築工事関係設計業務委託用（著作権発注者受注者共有）
5 監理業務委託契約書	工事監理業務委託用

▶物品等購入・印刷製本

契約書名	説　明
1 物品類売買契約書	物品類の売買契約用
2 印刷製本契約書	印刷製本の契約用

▶物件等賃貸借

契約書名	説　明
1 機器類賃貸借契約書（A）	債務負担行為に基づく機器類賃貸借契約用（保守有）
2 機器類賃貸借契約書（B）	長期継続契約による機器類賃貸借契約用（保守有）
3 機器類賃貸借契約書（C）	債務負担行為に基づく機器類賃貸借契約用（保守無）
4 機器類賃貸借契約書（D）	長期継続契約による機器類賃貸借契約用（保守無）

▶役務の提供等業務委託用

契約書名	説　明
1 業務委託契約書（A）	役務の提供等業務委託用
2 業務委託契約書（B）	役務の提供等業務委託用（月払い）
3 業務委託契約書（C）	役務の提供等業務委託用（部分払い）
4 業務委託契約書（D）	建築物保全業務委託用
5 業務委託契約書（E）	債務負担行為に基づく機械警備業務委託用
6 業務委託契約書（F）	長期継続契約による機械警備業務委託用
7 業務委託単価契約書	単価契約による役務の提供等業務委託用

第2部

10段階のプロセスから見た チェックポイント

10段階のプロセスをおさえる

第1章	予算計上する場面		第6章	契約の進捗状況を確認する場面
第2章	契約準備の場面		第7章	契約による成果物等の確認の場面
第3章	契約手続きを実施する場面		第8章	支出命令の場面
第4章	落札者を決定する場面		第9章	会計管理者の審査の場面
第5章	契約を締結する場面		第10章	決算の確認の場面

契約事務の適正化
【不正行為の発生防止】
【事務的ミスの発生防止】

第1章 予算計上する場面

事業者への参考見積依頼は適切か

[関係法令等] 自治体の財務規則（予算事務規則）、予算編成方針、予算編成要領等

ここが実務の CHECK・POINT

ミスの防止

ミスの内容	対策
・見積依頼先のメールアドレスを間違えた。	・メールによる事務連絡は、決裁を経ない場合が多いので、チーム内でのミスの事例を共有する。
・メールに自分で作成した積算資料を誤って添付した。	・システム対応として、メール送信時に「注意喚起」のメッセージを表示させる。
・「CC」「BCC」を間違え、相手方業者の情報が漏洩した。	

不正の防止

不正の内容（原因）	対策
・見積依頼の時点で業者との接点が生じ、その後、親しい関係になる。	・業者との接点について、その厳格化をチーム内で共有する。
・特定の事業者だけに見積りを依頼することによって、他の契約情報を漏洩する関係になる。	・業者との癒着は、必ず最初のきっかけがあることをチーム内で共有する。 ・見積先の事業者を複数の職員で決定する。
・予算編成時の見積依頼は、契約ではないというゆるみから、業者との関係ができる。	・見積依頼した事業者は、実際の競争入札で参加できるよう配慮する。 ・見積依頼の記録を残す。
・見積りに協力しない事業者に対して、契約の相手方からこの事業者を排除する恣意的な指名が行われる。	・見積書関係の書類は、情報漏洩のないよう厳格に管理する。 ・メールの記録を事業者ごとに保管するなど職員のリスク意識を高める。

ココに注意！ 「CC」と「BCC」とは

　メールを利用した事務処理が日常的に増加しています。その結果、複数の相手方にメールを送る際、他社及び担当者のアドレスが漏れてしまう事例が発生しています。メール送信時の「CC」「BCC」の設定間違いによるものですが、「CC」は Carbon copy の略、「BCC」は、Blind Carbon copy の略です。ブラインドを下げれば、見えなくなりますね。操作の基本は「BCC」だと覚えましょう。

◇予算編成時には、すでに「契約事務がスタート」している。

◇予算編成は、財務規則（予算事務規則）及び予算編成方針によって行われる。

◇予算編成、予算執行、決算は、契約事務と密接な関係にある。

◇予算編成時に業者から見積りを徴することは違法ではない。

◇見積りはあくまでも参考資料として活用すべきである。

◇見積依頼は協力依頼であるから、感謝の気持ちをもつ。

◇特定の事業者だけに見積依頼が偏らないよう配慮する。

◇業者の見積りに100％依存せず、担当としても積算する。

◇見積依頼した事業者は、予算執行時に入札等に参加させる。

●予算編成時の見積依頼は「協力依頼」（契約事務に密接に関連！）

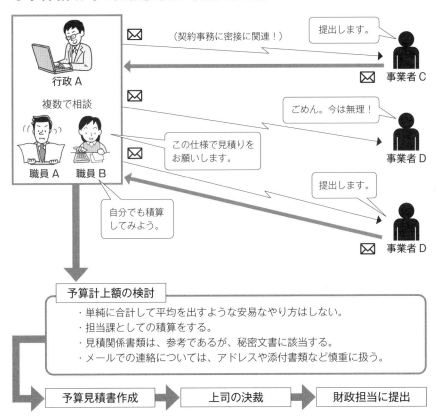

契約手法の想定は妥当か

［関係法令等］　自治法第9章【財務】　自治体の契約制度全般

ここが実務の CHECK・POINT

ミスの防止

ミスの内容	対策
・当初予算で計画した契約手法に誤りがあり執行できなかった。	・債務負担行為は、**限度額と歳出予算額の合計が契約可能額であることに留意する。**
・当初予算の議会審議で、契約方法について一般競争入札が妥当ではないかとの指摘を受けた。	・予算は議会の議決を必要とすることから、契約方法の選択理由や契約時期など十分な説明ができるよう予算委員会等の準備を行う。
・複数年度予算（債務負担行為）の歳出予算額の計算を間違えた。	

不正の防止

不正の内容（原因）	対策
・事業者の要請に応えた契約手法を前提に予算計上した。	・財政担当に提出する予算見積書を決裁するにあたり、決裁責任者（課長等）が、その積算根拠をヒアリングする。
・予算計上時点で、ほぼ契約事業者が決定していた。	・特に予算科目では「施設修繕費」「業務委託料」「工事請負費」「原材料費」「備品購入費」の積算根拠とともに、事業者からの見積書を確認する。
・プロポーザル方式の審査基準が事業者に漏洩していた。	・日常的に**事業者との接触について注意喚起する。**
・発注仕様書の内容が事業者に漏洩した。	

ココに注意！ 予算編成時における事業者からの要請

　自治体の予算編成時期になると、様々な業界団体からの要望事項が提出されます。事業者にしてみれば、予算計上されなければ、その後の受注もないわけです。積極的な働きかけが常態化している事例もあり、不正の温床になる可能性も高まります。自治体職員は、**予算編成の段階から契約事務がスタートしていることを意識し**、事業者との接点をもたない姿勢が重要になります。

◇予算計上の段階で、実際の契約方法を想定しておく必要がある。

◇契約方法によって、不正の防止策、ミスの防止策が異なる。

◇予算との関係では、単年度契約か、複数年度契約かを判断する。

◇調達するものによって、競争性を原則に契約方法を選択する。

◇随意契約は、その理由を明確にする。

◇プロポーザル方式は、制度的には随意契約の形態となる。

◇見積合わせでも、競争性を原則とした契約手続きに留意する。

◇事務決裁規程を前提に、担当課の契約権限かどうか確認する。

●契約方法の検討手順

> さて、実際の契約時には、どの契約方法を採用したらよいかな。
> そうだ、1人で決めないで、みんなに相談しよう。

職員A

①年度の検討	選択肢	具体的な予算計上等
事業実施年度	単年度	歳出予算
	複数年度	継続費・債務負担行為・長期継続契約

②契約方法の選択肢				
一般競争入札	指名競争入札	随意契約	プロポーザル方式	主管課契約

指名（案）作成　　　　　公　募

見積合わせ

候補者選定

| 業者選定委員会等 | 指　名 | 随意契約 |

| 入　札 | → | 落札者決定 | → | 契約締結 |

③その他の契約方法の検討	
参加者の資格制限等	○制限付き一般競争入札　○参加希望型指名競争入札
予定価格だけではない落札方式	○最低制限価格　○低入札価格調査　○総合評価方式
契約を効果的に推進	○CM方式の採用　○VE方式の採用（110頁）

check 3 単年度契約＆複数年度契約か

［関係法令等］　自治法第 212 条【継続費】、第 214 条【債務負担行為】、第 234 条の 3【長期継続契約】複数年度契約実施要綱等

ここが実務の CHECK・POINT

ミスの防止

ミスの内容	対策
・継続費を設定したが、当該年度に支払う歳出予算の計上を失念した。	・複数年度の事業計画について、年度別の計画と年度別の支払額をチェックする。
・債務負担行為の予算計上にあたって、全体計画額と、初年度の支払分である歳出予算を合算して、限度額を設定した。	・複数年度の契約可能額は、債務負担行為の限度額と初年度の歳出予算額の合算額であることに注意する。
・事業計画の財源内訳に「国庫補助金」及び「地方債」を予定していたが、予算は継続費とすべきところ、債務負担行為を設定してしまった。	・事業費の財源内訳に「国庫補助金」「地方債」が予定されている場合は、債務負担行為ではなく、継続費の設定とする。この方が、契約手続きと補助金申請及び地方債借入に関わる事務が効率よく進むからである。

不正の防止

不正の内容（原因）	対策
・事業計画の内容として、当然複数年度になるべき契約を、あえて単年度に分割することで、特定の事業者の受注に便宜を図った。	・契約の形態とともに、分離・分割発注に関して、その事業計画を十分に確認する。 ・予算計上上のチェックは、具体的な事業計画の妥当性を確認することを前提とする。
・事業者の要請を受けて、複数年度の受注計画を意図的に作成し、予定価格・最低制限価格を事業者に教示した。	・事業計画のチェックにあたっては、単年度契約が良いのか、複数年度による効果が期待できるのかを見極めることが必要である。 ・判断基準としての「複数年度契約実施要綱等」の策定も必要である。

◇財務会計制度は、会計年度（自治法第208条）に基づき予算を計上し、その予算の範囲で契約することが原則である。

◇特例として、複数年度にわたる事業に関しての予算計上として、継続費と債務負担行為がある。

◇さらに、特例として、翌年度以降の予算が確保されていない場合でも、契約が可能な長期継続契約がある。

◇継続費及び債務負担行為は、歳出予算とともに議会の議決が必要な予算である。

◇長期継続契約の可能な事業範囲は、自治令及び各自治体の条例の範囲に限定される。

●歳出予算計上は、事業完了までの「年次計画」が前提

▶複数年度計画は「継続費」か「債務負担行為」を選択

		N年度	N＋1年度	N＋2年度
単年度計画		歳出予算		
複数年度計画	継続費	年度と年割額の設定【契約可能額①＋②＋③】		
		①年割額（N）	②年割額（N＋1）	③年割額（N＋2）
		歳出予算（N）	歳出予算（N＋1）	歳出予算（N＋2）
	債務負担行為		①限度額の設定	
		②歳出予算（N）	歳出予算（N＋1）	歳出予算（N＋2）

※（①限度額）＋（②N年度歳出予算）＝契約可能額

ココに注意！ 留意点

1. 長期継続契約は、電気・ガスの供給契約やPC・複写機のリース契約等の複数年度を想定したものであり、翌年度以降の予算確保を前提としない。ただし、議会が予算の減額又は削除をした場合は契約は解除となる。

2. 長期継続契約は限定的に運用することとし、予算の透明性等の観点から、極力、債務負担行為の活用を検討する。

3. 2か年にわたる契約で繰越明許費があるが、繰越明許費は当初予算からの設定はない。歳出予算に計上し、年度内契約であったものが、何らかの原因によって、年度内に事業が完了しない場合、翌年度に限って事業を繰越すことができる制度だからである。

CM方式&VE方式の検討を行ったか

[関係法令等] 適正化指針 第2-2-（1）-②（後段）
適正化指針 第3-2

ここが実務のCHECK・POINT

ミスの防止

ミスの内容	対策
・設計金額・予定価格の積算誤りが発見され入札が直前で中止になったケースが発生している。	・CM方式の採用により、契約担当者及び技術担当者の**人員不足と経験不足を補う効果**が期待できる。 ・CM方式の採用により、契約手続きの適正化が図られ、ミスの防止と不正の防止が期待できる。 ・契約事務に関する研修を実施するとともに、契約事務全体の点検、見直しに識見者等からの助言を受ける。
・最低制限価格の設定誤りが、落札者決定後に発見されたケースが発生している。	
・予定価格オーバー、最低制限価格以下の入札を見逃し、落札者の宣言を行ったケースが発生している。	

不正の防止

不正の内容（原因）	対策
・公正な競争が確保されない契約手法を採用したことが不正事件発生の原因となった。	・一定規模以上の契約やPFIなど特殊な契約においては、必ず**CM方式、VE方式の採用を検討する**ルールを設ける。 ・CM方式の採用により、契約担当者及び技術担当者の人員不足と経験不足を補う効果が期待できる。 ・CM方式の採用により、契約手続きの適正化が図られ、ミスの防止と不正の防止が期待できる。 ・**VE方式を採用することによって、イニシャルコストとライフサイクルコストの削減**が期待できる。
・契約担当者が不正を意図して契約手法を選択した事件が発生している。	
・発注を何回かに分割し随意契約対象とした事件が発生している。	
・契約担当者の人員不足と経験不足から、適切な契約手法の選択ができず、不正につながった。	
・コストの検討が不十分のまま予定価格や最低制限価格の設定がなされ、不正事件につながった。	

◇CM方式の狙いは、契約方式の検討、事業費の組み立てなど発注者（自治体）の補助者・代行者として工事契約の全体を管理することである。

◇VE方式の狙いは、民間の技術力の活用により「品質の確保」「コスト縮減」を図ることである。

● CM（Construction Management）方式とは

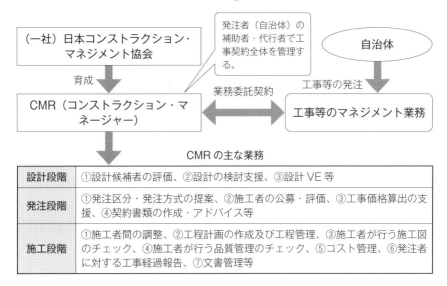

設計段階	①設計候補者の評価、②設計の検討支援、③設計VE等
発注段階	①発注区分・発注方式の提案、②施工者の公募・評価、③工事価格算出の支援、④契約書類の作成・アドバイス等
施工段階	①施工者間の調整、②工程計画の作成及び工程管理、③施工者が行う施工図のチェック、④施工者が行う品質管理のチェック、⑤コスト管理、⑥発注者に対する工事経過報告、⑦文書管理等

● VE（Value Engineering）方式とは

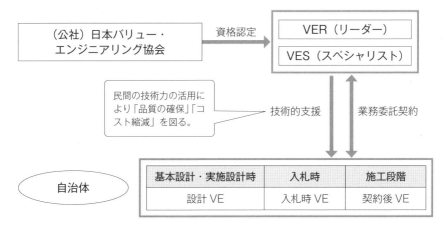

随意契約（見積合わせ）で官製談合事件が増加！

　Y県H市の2020（令和2）年3月定例議会では、同市の総合政策部情報政策課長が官製談合防止法違反で略式起訴され、2020年2月に罰金50万円の略式命令を受け、これを即日納付し、釈放されたことが報告された。事件は、2019年3月に実施された「本庁UPS交換業務」の見積合わせによる随意契約の締結に関し、元課長は株式会社F社の取締役と共謀し、取締役に対して他社の最低見積額を教示した上で、これより低い金額を記載した見積書を提出するよう指示し、当該事業者を本業務の受注者として契約を締結させ、入札等の公正を害すべき行為を行ったものである。

　また、不起訴処分となった「新総合福祉センターネットワーク構築業務」でも同様な事実が確認されている。さらに、F社の費用負担による同社代表取締役等との飲食等の事実も確認されている。

　これらの事実から、元課長には停職6か月の懲戒処分及び降任の分限処分がなされ、元課長とともに接待を受けた係長級職員に対しては減給10分の1、3か月の懲戒処分が行われている。この事件は、官製談合事件の典型的な事例の一つである。その特徴は、予定価格の漏洩と、継続した飲食接待である。

　この事件には、契約制度の運用に関して大きな特徴がある。それは、一般競争入札または指名競争入札で発生した事件ではなく、随意契約（自治令第167条の2）により発生していることである。同令は、以下のようになっている。

1. 売買、貸借、請負その他の契約でその予定価格（貸借の契約にあっては、予定賃貸借料の年額又は総額）が次に掲げる契約の種類に応じ、次に定める額を超えないとき。（市町村・()内は都道府県等）	
(1) 工事又は製造の請負	130万円（250万円）
(2) 財産の買入れ	80万円（160万円）
(3) 物件の借入れ	40万円（ 80万円）
(4) 財産の売払い	30万円（ 50万円）
(5) 物件の貸付け	30万円（ 30万円）
(6) 前各号に掲げるもの以外のもの	50万円（100万円）

　本件の業務は、委託契約と考えられるので、50万円以下の予定価格の契約を随意契約による見積合わせ（小規模随意契約）で実施し、その契約権限は、事務決裁規程により課長の権限になっていることを悪用したものである。

　近年、官製談合事件のうち、随意契約による事件が増加している。特に見積合わせの契約事務には、チェックが働かない仕組みになっていることを踏まえ、不正の防止対策を講ずることが必要である。

第2章

契約準備の場面

check

5

予算は確保されているか

[関係法令等] 自治法第216条【歳出予算】、第212条【継続費】、
第213条【繰越明許費】、第214条【債務負担行為】、
第234条の3【長期継続契約】

ここが実務のCHECK・POINT

ミスの防止

ミスの内容	対策
・予算額を超えて予定価格を設定した。	・予定価格の確認時に、あらためて予算計上額を確認する。
・債務負担行為限度額をもとに予定価格を設定したため、入札が不調になった。	・当該年度の**歳出予算と債務負担行為限度額**を合算したものが、契約可能額であることに留意する。
・繰越明許費の繰越手続きで、交付決定のない国庫補助金を特定財源として繰越手続きを行った。	・決算上の未収入特定財源の取扱いに留意する。交付決定のないものは特定財源として整理しない。

不正の防止

不正の内容（原因）	対策
・予算計上時に業者から徴した見積書の額をそのまま予算計上し、業者に連絡した。	・予算計上にあたって、予算書をはじめ予算説明資料には、個別事業の予定価格が予想されるような情報を記載しない。
・予算に計上し予算書に記載されている額が予定価格に近いという情報を業者に提供した。	・予算計上時から、**契約予定額関連情報の管理を厳格に**行う。
・必要以上の予算を計上し、見積合わせによって、特定の事業者に発注を繰り返していた。	・そのためにも、**継続したコンプライアンス研修**を実施し、**契約事務に特化した研修**を検討する。 ・日常的に事業者との関係をもたない組織体制を確立する。

ココに注意！ 事故繰越の繰越理由

　繰越明許費に比較し、事故繰越は議会の議決の必要がなく、長の予算執行権で決定できます。したがって、一般的な事業遅延の理由だけでなく、天災（地震・津波）、異常気象（大雪・豪雨）、事故（道路の陥没など）などの理由により、議会の開催の暇がないような状況が発生した時の長の判断となります。後に議会への報告義務もありますが、事前に議会との調整も行われているようです。

◇自治体契約は、予算に基づくものでなければならない。

◇したがって、予算は契約制度に基づき計上し、契約事務は、予算に基づいて進める必要がある。

◇事業執行計画の計画年度を把握し、契約行為の第一段階で改めて予算の内容を確認する必要がある。

◇翌年度以降の予算が計上されていない場合は、長期継続契約の対象事業に該当するかを確認する。

◇単年度契約を締結したが、年度内に事業が完了しないと見込まれる場合は、繰越明許費として議会の議決を得る必要がある。

◇事故繰越における契約変更等の取扱いは、繰越明許費と同様であるが、議会の議決の必要はない。したがって、繰越の理由に留意する必要がある。

●契約に関係する予算

区　分	予算	種　類	根拠規定（自治法）
単年度契約	確保	歳出予算	第210条・第216条
複数年度契約	確保	継続費による契約	第212条
		債務負担行為による契約	第214条
		繰越明許費による契約	第213条
	未確保	長期継続契約	第234条の3

▶当該年度で契約の履行が完了しないと見込まれる場合

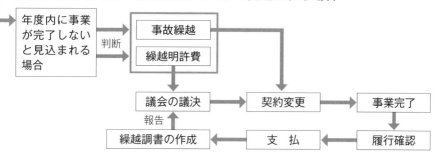

※年度内に事業が完了しなかった場合、①繰越明許費又は②事故繰越を選択する必要がある。繰越明許費は予算であるから、議会の議決を得て契約変更する。一方、事故繰越は長の権限で繰越すことができるため、繰越の理由に、議会開催の暇のないような緊急性が必要である。

check 6 契約内容は当該自治体の方針に沿っているか

［関係法令等］ 各自治体における「構想」「計画」「実施計画」「マスタープラン」「方針」「指針」「ガイドライン」など

ここが実務の CHECK・POINT

ミスの防止

ミスの内容	対策
・緑化推進計画によって民間に緑化を義務付けているにもかかわらず、公の施設の設計で緑化を軽視した設計を行った。	・個別の計画等の趣旨を職員が共有することが必要である。 ・そのためにも、まずは、**自治体全体の計画等の体系を分かりやすく公開する**ことから開始しなければならない。 ・これを組織内で共有し、個別の計画等を所管する組織による進行管理を実行することが必要である。 ・組織内の書類にチェック欄を設けることによって、計画等の趣旨を定着させることができる。
・障がい者授産施設からの要望書が提出されていたにも関わらず、単価が高いとの理由で無視した。	
・プロポーザル方式の調達において、自治体の方針は、審査基準に「障がい者雇用」「高齢者雇用」「地域雇用」を位置付けていたにも関わらず、これを無視した審査基準を設定し事業者の選定を行った。	

不正の防止

不正の内容（原因）	対策
・業者の要請により、グリーン購入推進計画に反して、特定の製品を工事に使用した。	・アスベスト対策など自治体の計画等であっても、**国の法律で義務付けられた内容**が盛込まれている場合がある。これを順守しないと法律の規定に抵触することになる。 ・**設計、仕様書の作成及び決裁において、各計画等における重要方針に関わるチェック欄を設け**、起案者及び決裁責任者が確認できるよう事務フローを改善する。 ・各計画等に沿った契約が行われたか、決算時に監査の視点から確認する。 ・決裁時、**仕様書等においてメーカー指定**されているものがないか確認する。
・緑化推進計画に沿った設計が行われ、契約が成立したにも関わらず、施工が不十分だった。これに検査員が便宜を図った。	
・環境対策としてアスベスト対策が位置付けられていたにも関わらず、公の施設の解体工事でアスベスト対策の設計が不十分だった。	
・製品の納入について、メーカー指定をしない方針を無視、特定のメーカーを指定して特約店への発注に便宜を図っていた。	

◇自治体には自治体経営の基本となる「構想」「計画」「マスタープラン」「方針」「ガイドライン」（以下「計画等」という。）などが多数存在する。

◇この計画等は、実務を行う時の「業務のよりどころ」となる。

◇しかし、多くの自治体では、この計画等の全体像が公表されていない実態がある。

◇自治体経営は、この計画等をもとに、様々な事業を推進しており、この計画等はまちづくりに必要な経営方針となっている。

◇この経営方針に沿って行政サービスが提供され、行政サービスに必要な「モノ」が調達されなければならない。

◇契約事務を行うにあたって、当該団体の計画等に沿った設計や仕様書の作成及び調達が行われなければならない。

●自治体の方針等に関する事例

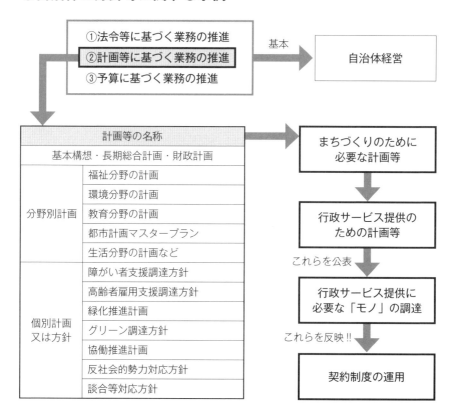

事務決裁規程の決裁区分は確認したか

[関係法令等] 自治法第 149 条【長の担任事務】、第 167 条【副知事等の職務】、第 232 条の 3【支出負担行為】
各自治体の事務決裁規程

ここが実務の CHECK・POINT

ミスの防止

ミスの内容	対策
・予定価格の設定を間違えて入札が中止になった。	・予定価格に関する起案は、事後公表の場合は**公表するまでは秘密文書**であることから、閲覧管理を厳重にする必要がある。
・最低制限価格の設定を間違えて入札が中止になった。	・事務的ミスにより二重、三重の事務負担が生ずることから、**事務的ミスの事例を分析し組織で共有する**ことが必要である。
・予定価格の積算資料にミスがあり入札が延期になった。	・契約事務のプロセスを事務的ミスの防止の視点から検証し、マニュアル化を検討する必要がある。
・予定価格が事後公表であったにも関わらず、間違えて事前公表してしまった。	

不正の防止

不正の内容（原因）	対策
・課長決裁である随意契約（見積合わせ）において、係長が特定の事業者に継続して工事、修繕を発注していた。	・近年の官製談合事件は、随意契約に関わる件数が増加傾向にある。
・見積合わせを依頼する業者を一人の職員が決定し、決裁上のチェックがおろそかになっていた。	・このことから、決裁責任者の決裁のポイントは契約相手方の決定方法であることを認識する必要がある。
・決裁区分を悪用し、予算計上額を二分割し、見積合わせで特定事業者に発注していた。	・組織全体として、**随意契約の実績を一覧表で公表**し、随意契約の理由を検証することが必要である。
・契約担当課長が指名競争入札で、実績のない業者を恣意的に指名し、これが部長決裁を通過していた。	・指名業者選定委員会等に、随意契約の実績を定期的に報告させ、**業者別の実績を検証する**ことは有効である。

◇契約に関わる事務決裁は、長の権限を補助執行しているものであり、その決裁権限の範囲が自治体の事務決裁規程である。

◇長の権限の委譲には、代理、委任があるが、この場合においても代理者に代わる補助執行、受任者に代わる補助執行が行われることになる。

◇決裁の基本は、常に自分自身が最終決裁責任者である意識をもつことに尽きる。

◇ひとり一人の職員が経営者であり、経営責任があると自覚するならば、軽々しい決裁はできないと考えるべきである。

◇具体的な決裁区分を確認し、決裁責任者を間違えることのないよう留意しなければならない。

●契約に関わる決裁手順の基本

長の権限に属する事務の補助執行の範囲

```
    ↓
事務決裁規程に明示 ◀━━━ 副知事・副市町村長の職務（法第167条）
```

▶一般的な事例

区分		決裁責任者				指定合議先
		長	副（長）	部長	課長	
契約に係る事案	1. 物品、賃貸、委託等	○○円以上	○○円以上	○○円以上	○○円以上	●●課長
	2. 工事請負	○○円以上	○○円以上	○○円以上	○○円以上	●●課長
	3. 不動産売買	○○円以上	○○円以上	○○円以上	○○円以上	●●課長
	以下省略	○円以上	○円以上	○円以上	○円以上	
支出負担行為の事案		○円以上	○円以上	○円以上	○円以上	
支出命令の事案					○	

▶代決の基本ルール

```
事務決裁規程の          上司の決裁  ━▶ 権限がないので決裁は無効
区分による決裁  ━▶
【決裁責任者】          代決の決裁  ━▶ 代決の規定に沿っていれば有効
```

悪意のない事務処理でも非公開情報の漏洩で停職3か月！

　2019（令和元）年11月、大阪府O市は、市発注の公園の照明灯改修工事をめぐり、非公開情報をメールでメーカーに知らせたとして、建設局の技術職員Bを停職3か月の懲戒処分とした。メーカーが事前提出した見積り価格について、メールで「見積価格は工事価格の積算に使用された」という情報をメーカーに伝えたもので、職員は市の聞き取りに「深く考えずに伝えてしまった」と説明している。このメーカーは、O市の電気工事の官製談合事件で摘発された業者から情報入手の依頼を受けていたという。

　なお、漏洩の見返りなどはなかったとしている。不正の調査は、この事件が中心ではなく、O市の電気工事の官製談合事件の調査上で発覚したものと思われる。

　技術職員Bには悪意はなく、お礼的なメールを送信したのかもしれない。しかし非公開情報の漏洩は、談合に加担するかしないかに関係なく、官製談合の要件となる。適正な競争を阻害する情報は、より広くとらえて厳格に取り扱わなければならない。職員の日常的なコンプライアンス意識の欠如が招いた事件ともいえる。

　また、意思決定された情報の管理について、組織的な対応がなされていない点も指摘されるだろう。さらに、情報の漏洩手段として、メールが介在していることに注意が必要である。職員が外部との情報のやり取りをメールで行うことは、一見効率の良い仕事であるが、1人の職員で業務が完結し、メール内容の妥当性などにチェックが働かないという特徴がある。

　ここに事務的なミスが発生する隙間が生ずる。この事件は、単なる事務的なミスに留まらず、官製談合の要素を含んだ非公開情報の漏洩であることが特徴である。

　この事件から学ぶことは、契約事務に係る自治体職員には、契約事務手続きとともに、官製談合など関連知識が必要であることだ。契約事務に精通することは、自分で自分の身を守ることにつながることを認識しておくべきであろう。

　なお、O市建設局をめぐっては、特定業者に工事情報を漏洩したなどとして、職員2人が地検特捜部に逮捕、起訴されている。O市の電気工事の官製談合事件は、市建設局職員が2014年12月〜18年9月に開札された29件の電気工事の入札で、特定の業者に工事費などを漏洩したもので、その謝礼として計400万円以上の現金や自動車を受け取ったとして起訴された。2019年4月2日に保釈されたが、市が行った聞き取り調査に対し「付き合いのあった業者のお願いを断り切れなかった」と説明している。同職員は、同年4月24日付で懲戒免職処分となっている。

第3章

契約手続きを実施する場面

入札方法の選択は妥当か

check 8

[関係法令等]　自治法第 234 条【契約の締結】、第 234 条の 3【長期継続契約】　自治令第 167 条の 5 の 2【制限付一般競争入札】、第 167 条の 10 の 2【総合評価方式】、第 167 条の 2【随意契約】　適正化指針

ここが実務の CHECK・POINT

ミスの防止

ミスの内容	対策
・最低制限価格以下の入札であったにも関わらず、勘違いで落札者を宣言した。	・どのような入札方法を選択しても、事務的なミスが発生するリスクがあることを認識すべきである。
・予定価格の設定を間違え、入札が中止となった。	・リスクを軽減するために各契約方法の事務フローを作成し、マニュアル化を図ることで事務的ミスの発生を防止する。
・参加制限の確認を怠り、参加資格のない事業者を入札に参加させた。	・決裁時に、各自治体で定めた条例、規則、要綱、ガイドライン等を確認し、これに抵触しないことを確認する。
・個別事業をプロポーザル方式で実施するとき、実施要綱に定めた評価基準を設定しないまま、事業者を選定した。	

不正の防止

不正の内容（原因）	対策
・予定価格は事後公表になっているが、特定事業者に価格を意図的に漏洩した。	・過去の不正事件を検証すると、どのような契約方式を採用しても、不正事件が発生するリスクがあると認識すべきである。
・最低制限価格は事後公表になっているが、特定事業者に価格を意図的に漏洩した。	・どの契約方法を選択しても、契約の基本である競争性を前提に、公平性、透明性のあるプロセスを確認する必要がある。
・指名競争入札において、実績のない業者を恣意的に指名した。	・特定の職員に権限が集中しないよう、事務分担の見直し、定期的な役割分担の変更などを実施することが必要である。
・随意契約で特定の事業者に継続して工事を発注していた。	・それぞれの契約手法の特徴を把握するため、コンプライアンスの確保を含めた研修を実施する必要がある。
・プロポーザル方式で選定委員会のメンバーが特定事業者に意図的に高い点数を付けていた。	

◇事業の特性に合わせ、入札方法を選択する必要がある。

◇契約方法の選択にあたっては、一般競争入札、指名競争入札、随意契約を基本とし、それぞれの方法に、参加制限、参加資格、総合評価の要素を組み合わせたものとする。

◇選択にあたっては、自治法等に定められた制度の特徴を把握するとともに、対象事業などについては、各自治体で定めた要綱、ガイドライン等に従う。

◇随意契約を選択する場合は、特に随意契約の理由を明確にする必要がある。

◇長期継続契約は複数年度にわたる契約であるが、契約相手の選定にあたっては、一般競争入札、指名競争入札、随意契約のいずれかの契約方法を選択することになる。

●入札方法の組み合わせによる選択肢

一般競争入札		※3 参加制限	
		あり	なし
落札方式	※1 自動落札	○制限付一般競争入札	○一般競争入札
	※2 総合評価	○総合評価・制限付一般競争入札	○総合評価・一般競争入札

指名競争入札		※4 参加希望制	
		あり	なし
落札方式	※1 自動落札	○参加希望型指名競争入札	○指名競争入札
	※2 総合評価	○総合評価・参加希望型指名競争入札	○総合評価・指名競争入札

随意契約		プロポーザル方式	見積合わせ	特命
落札方式	※1 自動落札	×	○見積合わせ（小規模随意契約）	×特命随意契約
	※2 総合評価	○総合評価・プロポーザル方式	×	

長期継続契約	一般競争入札	指名競争入札	随意契約
	○	○	○

※長期継続契約は複数年度にわたる契約であるが、契約相手の選定にあたっては、一般競争入札、指名競争入札、随意契約のいずれかの契約方法を選択することになる。

※1 自動落札（自治法第234条第3項）予定価格の範囲で一番低い入札額で決定

※2 総合評価（自治令第167条の10の2）価格評価点と技術評価点で落札者決定

※3 参加制限（自治令第167条の5の2）参加資格にさらに特別の参加資格を設定

※4 参加希望制（適正化指針第2-2-（1）-①後段）公募型指名競争入札の積極的活用

制限付き一般競争入札の資格要件に誤りはないか

check 9

[関係法令等] 自治令第167条の5の2【制限付き一般競争入札】
各自治体の制限付き一般競争入札実施要綱等

ここが実務の CHECK・POINT

ミスの防止

ミスの内容	対策
・制限が厳しすぎるため、入札参加者がなく、改めて入札を実施することになった。	・様々な入札方法を採用しても、入札参加者がなかった事例もあり、参加制限だけでなく、その原因を究明する必要がある。
・参加事業者の資格審査の過程で、確認にミスが発生した。	・参加資格審査について、参加申込者全員でなく、**落札者を審査する事後審査方式は有効である**。この場合、公告内容に明記する必要がある。
・公告にあたって、参加制限の記述に事務的なミスが発生し、入札手続きのスケジュールが遅延した。	

不正の防止

不正の内容（原因）	対策
・特定の事業者からの要請を受けて、競争相手を排除するための入札制限を設定した。	・参加制限を設けることにより、入札参加者が減少、適正な競争が阻害される可能性がある。
・入札制限の審査を通過させるため、事業者が書類を改ざんし、審査後、この事業者が落札者となった。	・これを防ぐためには、事業の特性に合った参加制限を設定するとともに、**コリンズ・テクリス**などのデータを活用した市場調査を実施し、適切な参加制限を設定する。
・地元事業者を優先する制限を設けたため、競争性が損なわれ落札率が高止まりした。	・大型事業の入札については、参加制限について、**第三者（入札監視委員会等）の意見を聞くこと**を検討する。 ・大型事業の入札には、**CM方式（110P）を検討し**適切な参加制限を設ける。
・制限付き一般競争入札実施要綱等を意図的に改訂し、特定事業者の参加を容易にさせた。	・要綱等の改訂にあたっては、指名業者選定委員会等の意見を踏まえるなど客観性をもたせる。

◇自治体によっては、条件付き一般競争入札の名称を使用している。

◇制限付き一般競争入札は、一般競争入札のデメリットを補完するものとして制度化された。

◇制限付き一般競争入札は、自治令第167条の5の2に規定されているが、この規定の範囲内であれば、自治体固有の制限や事業の特性に合わせた制限を設定することができる。

◇その目的は、自治体の事業の特性に合致した適格事業者の入札参加を促すことにある。

◇多くの自治体は、制限付き一般競争入札の対象とする事業を要綱等で規定しているが、金額設定等に大きな差がある。これは、自治体又は地域の特性を反映したものと思われる。

◇具体的な制限については、暴力団排除、指名停止中の排除など一般的な項目の他、事業所の住所要件、工事エリアでの工事実績、JVの義務化、地元事業者への下請け義務化など特徴的な事例もある。

●参加資格の設定事例

対象工事等	①建設工事 ②設計委託 ③その他の委託	◇予定価格を基準に一定額以上を対象 ◇金額の区分は多様（1千万円・1億円以上・5億円以上など） ◇指名競争入札を実施していない自治体では「工事請負は130万円を超えるもの」としている例もある
参加資格の設定事例		
①入札参加資格登録名簿に登録されているもの ②同種の工事種目等に登録されているもの ③建築業法の許可を受けているもの ④経営事項審査を受けているもの ⑤一定の行政区域で同種の工事等の実績があるもの ⑥指名停止措置を受けていないもの ⑦暴力団排除措置により除外措置を受けていないもの		

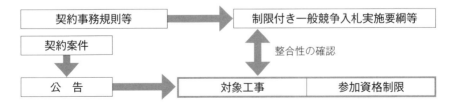

指名競争入札の指名選定は妥当か

［関係法令等］　自治令第 167 条の 4【一般競争入札の参加資格】
　　　　　　　　第 167 条の 11【指名競争入札の参加者の資格】

ここが実務の CHECK・POINT

ミスの防止

ミスの内容	対策
・有資格者名簿に登録する審査にミスがあり、参加資格要件を満たしていない事業者を登録していた。	・指名基準の公開は、入契法施行令第 7 条第 1 項第 3 号で公開することになっているので、HP 等を確認する。
・指名案を作成する際、指名停止中であることを見逃し、指名通知した。	・有資格者名簿の資格審査は、人為的なミスが発生しやすいので、電子資格審査を検討する。
・指名基準は公開しなければならないが、HP 等に公開していなかった。	・契約担当者が指名案を作成する際、必ず二重チェックを行う。または複数の職員で担当する。

不正の防止

不正の内容（原因）	対策
・管理職の立場で、実績のない事業者の指名案を担当に指示し作成させていた。さらに、この事業者に予定価格を漏洩していた。	・過去の不正事件では、①指名競争入札における恣意的な指名、②この業者に予定価格を漏洩し、金品を受け取るという事件がかなりの件数に上る。
・指名案を作成する際、気に入らない事業者を恣意的に指名から外していた。	・防止策の基本は、適正な指名基準によって、指名が公平に行われ、平等な競争入札が実施されることである。
・随意契約のうち、見積合わせにおいて、入札参加登録のない事業者に便宜を図り、発注していた。	・そのため、特に指名案を作成する契約担当者の事務プロセスを確認するとともに、指名業者選定委員会等の審議が形骸化していないか確認する必要がある。
・指名停止期間を意図的に短く決定し、入札案件に間に合うように便宜を図った。	・見積合わせにおいて、不適格事業者との癒着の不正事件も多いので、見積合わせの実績確認も必要である。

◇指名競争入札における業者の指名は、自治体が備える「有資格者名簿」に登録されている事業者から行う。この名簿を「指名登録台帳」と称する場合もある。

◇指名登録台帳に登録されるためには、自治体の定める入札参加資格審査を受けなければならない。

◇入札参加資格には、有効期間が定められており、2年で更新している自治体が多い。自治体によっては、工事事業者は2年、物品等事業者は3年としている事例もある。

◇入札参加資格の審査は、電子入札との関係があり、電子資格審査を実施している自治体も増加している。これは、契約事務の効率化、正確性の向上に資するとともに、将来の電子契約の実現に必要なシステム基盤でもある。

●有資格者名簿と指名決定との関係

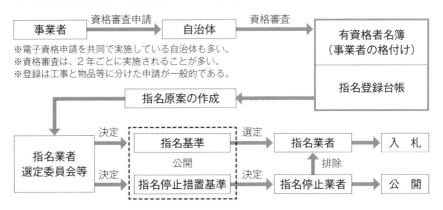

●入札参加資格の基本原則（自治体の規則の事例）

（一般競争入札の参加者の資格の審査等）
　長は、自治令第167条の5第1項の規定により、一般競争入札に参加する者に必要な資格として、契約の種類及び金額に応じ、工事、製造又は販売等の実績、従業員の数、資本の額その他の経営の規模及び状況を要件とする資格を定めることができる。
（指名競争入札の参加者の資格の審査等）
　長は、自治令第167条の11（指名競争入札の参加者の資格）第2項の規定により、指名競争入札に参加しようとする者に必要な資格として、契約の種類及び金額に応じ、工事、製造又は販売等の実績、従業員の数、資本の額その他の経営の規模及び状況を要件とする資格を定め、その基本的事項について公示しなければならない。

総合評価方式の採用基準は妥当か

[関係法令等] 自治令第 167 条の 10 の 2【総合評価方式】
適正化指針 第 2-2-(1)-②

ここが実務の CHECK・POINT

ミスの防止

ミスの内容	対策
・入札公告で、総合評価方式である旨の記載をしなかった。	・総合評価方式実施要綱、ガイドライン等を、あらためて確認し、入札手続きのプロセスを点検する。
・入札公告後の質問に対して、誤った回答をしたため、入札スケジュールに遅延が生じた。	・技術評価点の審査にあたっては、職員が行う場合は、複数で確認する。 ・入札公告、質問回答にあたっても、複数職員で確認する事務フローを検討する。
・技術評価の項目設定が適切でなく、提案事業者の技術点に差が生じなかった。	

不正の防止

不正の内容（原因）	対策
・不正事件の事例として、技術評価点を採点し、それを知る立場の職員が特定の事業者に漏らし、価格提案を有利にさせた事件がある。	・技術点の漏洩の防止策としては、複数職員での事務対応も考えられるが、**入札後に技術評価点を確定する事後審査方式**も有効と考えられる。 ・審査委員会の設置における**メンバー選定は透明性が確保されている**か確認する。
・プロポーザル方式で総合評価を採用し、外部の選定委員会を設置した。メンバー選定にあたって、提案予定事業者の委員推せんの要請を受け入れた。	・過去の不正事件で、選定委員が恣意的な点数を付した事例もあり、**配点基準及び選定委員の付点根拠の記載**など透明性のある仕組みになっているか確認する。
・不適正事例として、価格点と技術点の割合を 400：100 とし、実質的には価格重視とした事例がある。	・落札者決定基準をあらためて確認し、競争性が働くことを前提に、事業者の**施工能力、技術力、社会貢献度が客観的に評価される仕組み**になっているか確認する。
・不適正事例として、基準額の設定を予定価格の 70％に設定し、実質的な価格競争とダンピング競争に誘導した事例がある。	

◇庁舎建設などで、プロポーザル方式を採用し、採点方式では総合評価を用いる事例もあり、総合評価方式の活用は多様であると言える。

◇総合評価方式の落札者決定基準の作成にあたっては、識見者の意見を聴かなければならない。

◇価格点と技術点の配分については、50：50をはじめ様々なパターンが考えられるが、価格点を設定するにあたっては、基準額の設定と技術点のバランスが重要となる。

◇基準額は、最低制限価格と主旨を同じくするもので、基準額を価格点の最高点とし、それ以下を失格とする場合と、△点とする場合がある。

●総合評価方式を実施する場合の手順

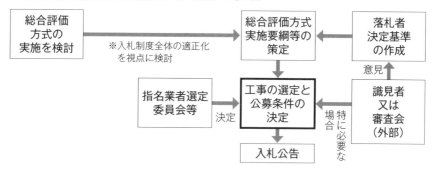

●応札価格に対する評価点の考え方の事例

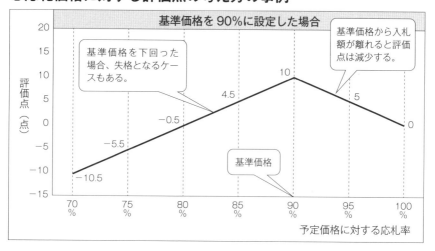

工期の設定は妥当か

［関係法令等］　品確法第 7 条第 1 項第 6 号
　　　　　　　建設業法第 19 条の 5【著しく短い工期の設定の禁止】

ここが実務の CHECK・POINT

ミスの防止

ミスの内容	対策
・設計段階で、地下埋設物の調査が不十分であったにも関わらず、実際の対応を事業者に押し付けていた。	・自治体は、週休二日制が当然となっているが、中小の建設業者では実現されていないことに配慮する。 ・この点は、自治体職員の意識改革の要素でもある。 ・決裁にあたっては**工期の設定の考え方**を確認する。 ・具体的には、決裁文書の必須項目に工期の設定の考え方の記述を位置付けることを検討する。
・工期の設定にあたり、土・日・祭日のカウントを大幅に間違えたにも関わらず、契約事務を強行した。	

不正の防止

不正の内容（原因）	対策
・工期が 3 月 25 日に設定されていたが、実際には、新年度の 4 月 15 日に完了した。契約手続き上、繰越明許費とすべきところ、この手続きをせず、完了届を 3 月 30 日とした虚偽書類を作成し検査も完了させていた。	・予算計上の段階から、事業期間を意識し、**無理な工期設定**を避ける。 ・事業期間に余裕をもたせるため、事業着手の期間の前倒しを検討する。 ・**複数年度の契約制度を活用し、余裕を**もった工期設定と、**工期の平準化を図る必**要がある。 ・国において、「建設業の働き方改革に関する関係省庁連絡会議」の申合せとして「**建設工事における適正な工期設定のためのガイドライン（平成 29 年 8 月 28 日・一次改訂平成 30 年 7 月 2 日）**」を作成している。 ・自治体においても、このガイドラインを参考に、独自のガイドラインの作成を検討する。
・不適正事例として、単年度契約にしたいため、無理な工期を事業者に要請していた。	
・不適切事例として、随意契約において工期を設定せず、修繕工事を急がせていた。	

◇工事契約の発注には、適正な工事期間を設定し、発注時期の平準化を図らなければならない。

◇適正な工期の設定は、工事の安全対策と品質確保、さらには建設労働者の働き方改革をねらいとしたものである。この点については、品確法第7条第1項第6号に規定されている。

◇適正な工期の設定については、令和元年の建設業法の改正において、「極端に短い工期の禁止」が規定された。

◇工期の遅れる要因については、発注時において設計上の配慮が不足したこと、関連情報の提供が不十分であったことがあげられる。

◇担い手三法の改正とともに、改正民法が令和2年4月から施行され、これに伴って「公共工事標準請負契約約款」が改正されている。この約款の契約書部分には、「四　工事を施工しない日」が明記された。

●会計年度を前提とした発注の弊害

当初予算成立後、契約手続きを行うため年度末に工事が集中

4/1

N年度…年間の歳出予算

3/31

契約手続き → 契　約 → 工事期間 → 竣　工

◇着工が年度の途中になるので、工期も短く、竣工が年度末に集中する。

●計画的な工事発注による改善

◇計画的な発注計画 ◇著しく短い工期の禁止	→	他の発注者との連携による中長期的な公共工事等の発注の見通しの作成及び公表	
		複数年度予算の活用	継続費の活用
			債務負担行為の活用
			繰越明許費の活用

建設業法第19条の5（著しく短い工期の禁止）
注文者は、その注文した建設工事を施工するために通常必要と認められる期間に比して著しく短い期間を工期とする請負契約を締結してはならない。

品確法第7条第1項第6号
公共工事等に従事する者の労働時間その他の労働条件が適正に確保されるよう、公共工事等に従事する者の休日、工事等の実施に必要な準備期間、天候その他のやむを得ない事由により工事等の実施が困難であると見込まれる日数等を考慮し、適正な工期等を設定すること。

予定価格の設定は適切か
（事前公表と事後公表を含め）

［関係法令等］　品確法第 7 条第 1 項第 1 号　適正化指針第 2-4-（1）

ここが実務の CHECK・POINT

ミスの防止

ミスの内容	対策
・入札の開札時に、予定価格を勘違いし予定価格を超えた業者を落札者とした。	・予定価格の積算に用いる単価は、**実勢価格の把握**に努める。
・予定価格が事後公表であったにも関わらず、入札前にシステムに掲載した。	・予定価格の事前・事後公表を徹底し、決裁文書にチェック欄を設ける。
・予定価格の積算に誤った単価を使用し、それが原因で入札が不調になった。	・落札者宣言の事務フローを再点検する。

不正の防止

不正の内容（原因）	対策
・予定価格を、職員 OB を経由して業者に漏洩した。	・**予定価格の適正な設定**と予定価格を**事前公表するかしないかの判断**は、**不正事件の発生**と密接な関係があることを認識する。
・予定価格を議員からの強い要請で漏洩し、議員を通じて情報を得た業者が落札した。	・その上で、予定価格の設定について、設計担当者のヒアリング等を行い、入札が不調にならないよう対策を講ずる。
・予定価格の積算に用いた製品単価を事業者に漏らし便宜を図った。	・予定価格を事前公表した場合でも、**積算単価等は秘密事項であること**を徹底する。
・予定価格の設定が不安で、不調による事業の遅延を懸念するあまり、業者に予定価格を漏洩した。	・事後公表に切替えた場合や事前公表していない場合は、予定価格の漏洩による官製談合リスクを踏まえ、情報管理を徹底する。 ・予定価格を知りうる職員の範囲を最小限とし、明確化する。

参考条文　適正化指針第 2-4-（1）の一部

　加えて、当該積算において適切に反映した法定福利費に相当する額が請負契約において適正に計上されるよう、公共工事標準請負契約約款（昭和 25 年 2 月 21 日中央建設業審議会決定・勧告）に沿った契約約款に基づき、**受注者に対し法定福利費を内訳明示した請負代金の内訳書を提出させ、当該積算と比較し、法定福利費に相当する額が適切に計上されていることを確認するよう努める**ものとする。

◇予算削減を優先し、予定価格が適正に設定されなかったことで、手抜き工事が発生し、これが事故につながった事例がある。予算削減が、かえって財政的なリスクを高めることになった事例である。

◇機材や物品についても「安物買いの銭失い」にならないよう、ライフサイクルコストを考慮した予定価格の設定が必要である。

◇予定価格を事前公表するかどうかは、当該自治体の判断であるが、あらためて、そのメリット等を検討する必要がある。

●予定価格設定の重要性

[予定価格が適正でないと……]
①工事の手抜きが発生する。
②下請業者へのしわ寄せが発生する。
③従業員の賃金その他の労働条件が悪化する。
④安全対策の不徹底等につながる。
⑤建設業の若年入職者の減少の原因となる。

適正価格でないとダンピング受注と同様な弊害が発生する。

建設業全体の健全な発展を阻害

●過去の悪い事例

「歩切り」 ← 違 反 品確法第7条第1項第1号

適正に積算された予定価格を、根拠なく一定の率で削減する方法であり、過去に多くの自治体で運用されていた。

●予定価格等の事前公表のデメリット

予定価格	最低制限価格・低入札調査基準価格
①予定価格が目安となって競争が制限され、落札価格が高止まりになること。 ②建設業者の見積努力を損なわせること。 ③入札談合が容易に行われる可能性があること。 ④低入札価格調査の基準価格又は最低制限価格を強く類推させ、同様の弊害が生じかねないこと。	①当該価格近傍へ入札が誘導されるとともに、入札価格が同額の入札者間のくじ引きによる落札等が増加する。 ②適切な積算を行わずに入札を行った建設業者が受注する事態が生じる。 ③建設業者の真の技術力・経営力による競争を損ねる弊害が生じうる。

参考条文 品確法第7条第1項第1号 公共工事を施工する者が、公共工事の品質確保の担い手が中長期的に育成され及び確保されるための適正な利潤を確保することができるよう、適切に作成された仕様書及び設計書に基づき、経済社会情勢の変化を勘案し、市場における労務及び資材等の取引価格、（…）公共工事等の実施の実態等を的確に反映した積算を行うことにより、予定価格を適正に定めること。

最低制限価格の設定に誤りはないか
（事前公表と事後公表を含め）

［関係法令等］　自治令第167条の10第2項
　　　　　　　　各自治体の最低制限価格取扱要綱等

ここが実務の CHECK・POINT ・・・・・・・・・・・・・・・・・・・・・・・・・●

ミスの防止

ミスの内容	対策
・入札の開札時に、最低制限価格を勘違いし最低制限価格を下回った業者を落札者とした。	・最低制限価格の算出にあたっては、まず予定価格が適正であるかを確認する。 ・最低制限価格の事前・事後公表を徹底し、決裁文書にチェック欄を設ける。 ・落札者宣言の事務フローを再点検する。
・最低制限価格が事後公表であったにも関わらず、入札前にシステムで公表した。	

不正の防止

不正の内容（原因）	対策
・最低制限価格を、職員OBを経由して業者に漏洩した。	・**最低制限価格の適正な設定と予定価格を事前公表するかしないかの判断は、不正事件の発生と密接な関係がある**ことを認識する。 ・その上で、最低制限価格の設定について、設計担当者のヒアリング等を行い、ダンピング防止対策を講ずる。 ・最低制限価格を事前公表した場合でも、**計算根拠は秘密事項であることを徹底**する。 ・事後公表に切替えた場合や事前公表していない場合は、最低制限価格の漏洩による官製談合リスクを踏まえ、情報管理を徹底する。 ・**最低制限価格を知りうる職員の範囲を最小限とし、明確化**する。
・最低制限価格を議員からの強い要請で漏洩し、議員を通じて情報を得た業者が落札した。	
・不適正事例として、最低制限価格を意図的に低く設定し、落札率の低下を図った。	

ココに注意！　最低制限価格制度の課題

　積算基準・積算単価が公表されている場合、最低制限価格が容易に推計可能になる傾向がある。その結果、最低制限価格と同一の入札額や最低制限価格の直近に入札額が集中し、数十社による「くじ引き」が行われるという課題が発生している。

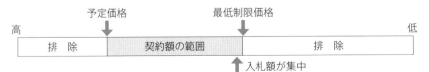

◇最低制限価格は、自治令第167条の10に根拠があり、そのねらいは公共工事のダンピング受注の防止である。

◇ダンピング受注は、手抜き工事を招くこと、工事の品質が低下すること、下請業者へのしわ寄せによる労働者の賃金及び労働条件の悪化を招くこと、さらには、安全対策の不徹底につながるとともに、若年労働者の減少の原因となり、建設業全体の発展を阻害するものである。

◇公契連モデルに関して、令和4年3月9日、国から通知が出されている。
（総行行第77号・国土入企第38号【総務省・国交省局長連名】）

◇各自治体で、国の公契連モデルに添ったルールを設定しているが、制度の趣旨を踏まえ、適宜見直しをする必要がある。

◇最低制限価格を事前公表する自治体は少数派であると考えられる。事前公表は、当該自治体の判断であるが、そのメリット等を検討する必要がある。

●最低制限価格・低入札価格調査制度の運用フロー

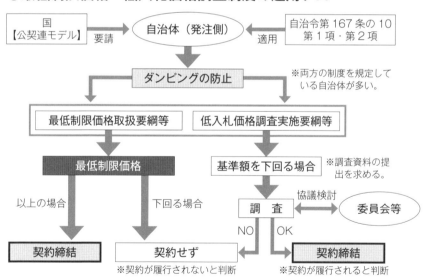

●ダンピングが常態化すると

①手抜き工事、下請けへのしわ寄せ、労働条件の悪化、安全対策の欠如などを誘発し、公共工事の質を確保できない心配がある。

②建設業全体の健全な発展を阻害するもので、発注側の施工監督などのコストの増加につながる可能性もある。

低入札価格調査の基準額の設定に誤りはないか（事前公表と事後公表を含め）

check 15

[関係法令等] 自治令第167条の10第1項
各自治体の低入札価格調査取扱要綱等

ここが実務の CHECK・POINT ●

ミスの防止

ミスの内容	対策
・入札の開札時に、低入札価格調査基準額を勘違いし基準額を下回った業者を落札者とし、契約を締結した。	・低入札価格調査基準額の算出にあたっては、まず予定価格が適正であるかを確認する。
・低入札価格調査基準額が事後公表であったにも関わらず、入札前にシステムで公表した。	・低入札価格調査基準額の事前・事後公表を徹底し、決裁文書にチェック欄を設ける。 ・落札者宣言の事務フローを再点検する。

不正の防止

不正の内容（原因）	対策
・低入札価格調査において、調査結果は、履行不可能と判断されたが、契約が不調になるリスクを避けたいため、調査書類を改ざんし、委員会等に提出、履行可能の判断を得ていた。	・低入札価格調査基準価格の設定と最低制限価格の適正な設定は、不正事件の発生と密接な関係があることを認識する。 ・その上で、低入札価格調査基準額の設定について、設計担当者のヒアリング等を行い、ダンピング防止対策を講ずる。 ・低入札価格調査基準額を知りうる職員の範囲を最小限とし明確化する。
・不適切事例として、低入札価格調査の調査ルールが確立され、どの職員が調査を実施しても、正確な調査結果が導かれるため、委員会等へ諮ることを省略した。	・委員会等の運営に関しては、その運営が形骸化しないよう適正化を図る必要がある。ただし、委員会等の手続きが省略されても、低入札価格調査の透明性、客観性が図れると判断される場合は、委員会等の設置を再検討する。
・不適切事例として、委員会等がヒアリングを実施するための調査票の作成について、事業者にその書き方と発言を指南していた。	

ココに注意！ 1円入札が多発した時代がありました

1990年代には、自治体の契約で1円入札が問題になったことがあります。特に電算システムのソフトウェア開発委託で「1円入札」が発生しました。企業としては、先行投資であり、実績作りの意味合いがあったようですが、資金力のない企業が排除されるため「不当廉売の恐れ」との批判もあったようです。このような経過を経て、**平成14年に自治令の改正が行われ「低入札価格調査制度」「最低制限価格制度」が創設**されました。「安物買いの銭失い」にならないよう品質の確保が重要ですね。

◇低入札価格調査制度は、自治令第167条の10に根拠があり、そのねらいは最低制限価格の設定と同様、公共工事のダンピング受注の防止である。

◇低入札価格調査基準額の設定に関しては、各自治体で、国の公契連モデルに添ったルールを設定しているが、制度の趣旨を踏まえ、適宜見直しをする必要がある。

◇低入札価格調査の基準価格を事前公表する自治体は少数派であると考えられる。事前公表は、当該自治体の判断であるが、そのメリット等を検討する必要がある。

◇低入札価格調査における基準価格を下回る入札額の契約については、調査委員会等の調査結果を踏まえ、ダンピング受注の弊害を排除したものでなければならない。

●最低制限価格・低入札価格調査制度の運用フロー

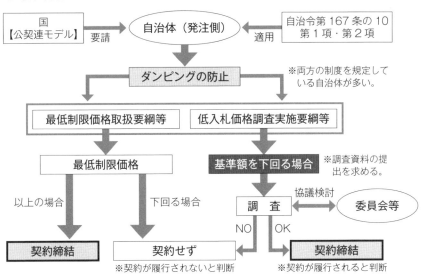

長期継続契約は条例規定の範囲内か

check **16**

[関係法令等]　自治法第 234 条の 3　自治令第 167 条の 17
　　　　　　　各自治体の「長期継続契約に関する条例」

ここが実務の CHECK・POINT

ミスの防止

ミスの内容	対策
・委託事業の競争入札において、入札公告に長期継続契約であることの記述をしなかった。	・債務負担行為は、議会の議決が必要なことから、チェックが厳格に行われるが、それに比較し、**長期継続契約はチェックが軽視される傾向**がある。
・契約書に解除規定を入れず、契約書を作成し、事業者に印紙税を負担させた。その後、契約書に解除規定を入れる修正を行い、契約書を再作成し再度印紙税の負担を求めた。	・あらためて契約制度全体のフローを確認し、起案文書の様式を改善するなどの対策を講じることは、事務的ミスの防止につながる。
・長期継続契約を締結したが、当該年度の支払分の歳出予算の予算計上を失念した。	・契約書の再作成の場合、印紙が無駄になる場合がある。この場合は変更事項の追記などにより、再作成を避ける工夫が必要である。

不正の防止

不正の内容（原因）	対策
・不適切事例として、条例の規定を拡大解釈し、複数年度にわたる委託事業（計画策定支援業務）を長期継続契約で実施した。	・長期継続契約制度を悪用した不正事件は、現時点では発生していないと思われる。 ・ただし、表面化しない不適切事例が報告され、これが公共契約の信頼性を損なうようなケースもある。
・不適切事例として、政策的要素のある土地の借上げを長期継続契約で締結したが、議会で、土地賃借料の予算が削除された。	・したがって、契約案件の決裁にあたっては、予算が確保され議会の議決が得られた契約か、**長期継続契約かは、厳格に確認**する必要がある。 ・チェックの漏れがないよう、起案文書に確認欄を設けるなどの改善は有効である。

ココに注意！　契約書の条文（解除規定）事例

第○○条
　この契約を締結した年度の翌年度以降において、当該契約に係る歳出予算が減額又は削除となったときは、市は、この契約を変更し、又は解除することができる。

◇長期継続契約は、自治令の改正（平成16年11月8日公布【11月10日施行】）により、第167条の17が追加され、範囲が拡大された。

◇しかし、自治法第234条の3の規定のように「第214条（注：債務負担行為）の規定にかかわらず」という前提のもとに、長期継続契約は範囲を限定し対象としている。

◇長期継続契約で契約された事業は、実質的に翌年度以降の財政支出を約束することであるから、債務負担行為と同様の性質をもつといえる。

◇したがって、契約制度及び財政規律の面からも、その透明性が確保され、長期継続契約で締結された具体的な事業の全体像が一覧表などによって説明されなければならない。

◇具体的な契約案件を決裁する場合、少なくとも長期継続契約が条例の範囲内であること、さらには、契約書に解除規定があることを確認する必要がある。

◇制度の趣旨を踏まえ、極力、債務負担行為の活用を検討すべきである。

●契約事務を行うためには予算の確保が必要

▶例外がある

予算は未確保	長期継続契約	自治法第234条の3

▶適用される範囲は限定されている

1	翌年度以降にわたり、電気、ガス若しくは水の供給若しくは電気通信役務の提供を受ける契約又は不動産を借りる契約
2	その他政令で定めるもの

自治令第167条の17（長期継続契約を締結することができる契約）
　翌年度以降にわたり物品を借り入れ又は役務の提供を受ける契約で、その契約の性質上翌年度以降にわたり契約を締結しなければ当該契約に係る事務の取扱いに支障を及ぼすようなもののうち、条例で定めるもの。

条例の定めが
必要である　←　パソコン・複写機の
リース契約などがある。

参考条文　自治法第234条の3　普通地方公共団体は、第214条（注：債務負担行為）の規定にかかわらず、翌年度以降にわたり、電気、ガス若しくは水の供給若しくは電気通信役務の提供を受ける契約又は不動産を借りる契約その他政令で定める契約を締結することができる。この場合においては、各年度におけるこれらの経費の予算の範囲内においてその給付を受けなければならない。

随意契約の理由等は明確か

[関係法令等] 自治法第234条第2項 自治令第167の2第1項
各自治体の「随意契約運用ガイドライン」等

ここが実務のCHECK・POINT

ミスの防止

ミスの内容	対策
・前年度と同様、内容を確認しないで随意契約を継続した。	・決裁にあたって、形式的な決裁だけでなく、事業の実態をヒアリングする。
・規則で定められた随意契約の公開を失念した。	・**随意契約ガイドラインに沿った事務フロー**を作成し、事務的ミスの発生リスクを検証する。
・三者の見積合わせで、メールに予定価格の資料を添付し送付した。	・他団体で発生した事務的ミスについて、組織内で共有し発生防止につなげる。
・随意契約で年度末に予算がないのに発注、新年度の支払いを約束した。	

不正の防止

不正の内容（原因）	対策
・係長が着任後、特定の事業者に発注が集中し、契約方法は随意契約であった。特定事業者に理由なく発注を繰返し、金品の見返りを受けていたとして逮捕された。	・随意契約に官製談合事件が多発している原因は、**担当者に発注権限が集中し、組織内でのチェック機能が働いていない**ことにある。
・工事及び修繕の見積合わせにおいて、長年、同一業者に発注を行い、飲食などの接待を受けていた。	・見積合わせの手続きにおいても、**特定の担当職員が長年にわたり事務を担任していた**ことが原因となっている。
・200万円の予算を2分割し、随意契約ができる条件を整え、特定業者に発注していた。	・このことから、あらためて、長の権限の委譲に関わって、**特に随意契約、見積合わせのできる権限の範囲を検証することが必要である**。
・公園の維持管理委託において、見積合わせで実施、特定の事業者に予定価格を漏洩し見返りとして現金を受領していた。	・契約案件の執行伺（起案）の様式を改善し、随意契約の根拠、理由等を明確化することで不正の防止につながる。
	・**随意契約ガイドラインを作成する**とともに、不正事件の事例を盛り込むなどの改善を行う。
	・**随意契約の実績は積極的に公開することを規則に位置付ける**。
	・見積合わせについては、予定価格、仕様書、相手方の選定を複数の職員で行うなど、契約事務体制を再検討する。

◇近年、随意契約を巡る官製談合事件が多発している。これは、担当課への権限の委譲のあり方とともに、随意契約全体のチェック機能が働いていない証左でもある。

◇随意契約は、前年度契約を漫然と繰返すのではなく、「業務等に精通している」「納入実績がある」「使い勝手がよい」などという理由だけでは、随意契約の理由とはならないことを徹底することが重要である。

◇品質・機能等において同一の他の物件が存在する場合には、競争入札に付すことが原則である。

◇随意契約による契約方法が簡便であるとして、契約を故意に細分化し、適用を図るようなことがあってはならない。

◇随意契約条項に該当しないことが何人の目にも明らかな場合、また当該契約が随意契約によることができないことを承知の上で行った場合、その関係職員は、法令違反として責任を問われることになる。

◇随意契約ガイドラインを作成していない自治体は、不正防止の観点からも、作成すべきであろう。

◇随意契約の全部を公開する法令上の規定はないが、制度の透明性及び不正事件の抑止力として、契約実績を積極的に公開すべきである。

●随意契約制度の骨格とガイドライン

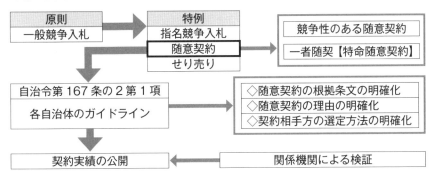

●一者随契のチェックポイント

①近隣自治体等で類似業務の実績と契約状況を確認する。
②特別な技術、機器、設備を理由とする場合、1者しかない状況を客観的に確認する。
③契約の相手方は、主要な業務を再委託しないかを確認する。
④複数年度にわたり同一業者と契約している場合、法令や状況変化により競争性が生じていないか確認する。
⑤仕様の変更や業務の分離・分割等により入札ができる余地はないか確認する。

官製談合の情報元は行政からの情報提供だった

2019（令和元）年11月、東京都A区の学校改修工事で便宜を図った見返りに、建設会社に自宅の工事を無料で行わせたとして、収賄容疑で同区教育委員会学校施設課職員（主事）が逮捕された。贈賄容疑でH建設の役員も逮捕されている。いずれも容疑を認めているという。

職員（主事）の逮捕容疑は2018年3月ごろ、区立学校の改修工事などに関し、H建設に便宜を図った謝礼として、自宅の工事費約93万円を同社に負担させた疑いである。A区から警視庁に情報提供があった。職員（主事）は、区立学校の改修や保全などの工事で、随意契約する業者を選べる立場だった。H建設は、工事費を負担したとされる時期の前後に複数回、区立学校の工事を随意契約で受注している。職員（主事）が優先的にH建設に仕事を回していたようである。

この事件の特徴は、小規模工事（修繕工事）の随意契約で発生していることである。自治令第167条の2では、工事又は製造の請負は、130万円（都道府県等は250万円）以下であれば随意契約ができるとされている。随意契約にあたり、この職員は随意契約を締結する事業者を選べる立場であったとされている。

本件の業務は、工事または修繕と考えられるので、130万円以下の予定価格の契約を随意契約、特に見積合わせ（小規模随意契約）で実施し、その契約権限は、事務決裁規程により課長の権限になっていることを悪用したものである。

ただし、主事という立場は、係長の前の職であるから、この職員の上司は、係長及び課長である。その意味では、1人の職員に業者を決定させる権限があったことに、不正防止対策の欠陥が見て取れる。近年、官製談合事件のうち、随意契約による事件が増加しているので、特に見積り合わせの契約事務には、厳格なチェックが必要である。

この事件は、報道によれば、A区からの情報提供から捜査が開始されている。一般の官製談合事件は、その情報提供元は明らかにされない。本件は珍しいケースである。自治体のコンプライアンス確保が必要とされ、組織運営に不正の防止対策は当然必要である。その意味で、A区が自らの調査により事件を発見したことには、他の自治体も参考にすべき組織マネジメント、リスクマネジメントがあるように感じられる。

第4章

落札者を決定する場面

予定価格を超えていないか

check 18

[関係法令等] 自治法第 234 条第 3 項
　　　　　　各自治体の契約事務規則等　入札者心得（書）

ここが実務の CHECK・POINT

ミスの防止

ミスの内容	対策
・2 年度分の予定価格を設定し、実際の開札では 1 年分の入札書になっていたため、予定価格を上回る入札書を落札者として宣言してしまった。入札参加者がすべて解散してから、この誤りに気付いた。	・予定価格を上回る落札者の宣言は、複数の自治体で発生しているが、職員には悪意はなく、単純な間違いによるものである。 ・この種のミスは、**その後の対応に極めて困難な状況が発生するリスク**を認識しておく必要がある。 ・決裁責任者がすべての入札に立ち会うことはないので、事務担当者によるミスを開札の時点で決裁責任者がチェックすることは困難である。 ・これに対応するため、当日の入札案件の一覧表を作成し、予定価格を複数の職員で確認しておくことはミスの防止につながる。その際、**複数年度の予定価格の確認に**十分留意する必要がある。 ・電子入札の実施は、事前の設定ミスがなければ、落札者の宣言について、間違いの発生リスクはないと考えられる。

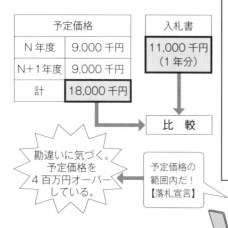

不正の防止

不正の内容（原因）	対策

・競争入札の開札において、不正事件の発生事例は報告されていないと思われる。
・開札手続きは、入札参加者の立ち合い及び複数の職員による手続きで進められるために、不正が発生するリスクが極めて低いと考えられる。
・**不正事件は、業者間の談合及び予定価格の情報管理段階で発生するケースが多い。**
・しかし、契約制度の運用にあたっては、入札会場での入札参加者の不審な行動や、入札者心得（書）に違反する行為には十分注意しながら開札手続きを進める必要がある。

◇予定価格は、予算の範囲内において、適正な材料単価、労務単価等により設計積算されることが必要である。

◇予定価格の「歩切り」は品確法違反であることを認識する必要がある。

◇以上のことを踏まえ、開札時には、予定価格と入札価格を慎重に比較し、予定価格を上回る入札は失格とする必要がある。

◇開札手続きで極めて重要な業務は「落札者の宣言」であり、異なる事業者の宣言、予定価格を上回る入札者を落札者とする宣言は、絶対に避けなければならない。

◇入札者全員が予定価格を上回る場合は、再度入札を実施する。

●落札者の決定手順の概要

※各手順の右記述は留意事項

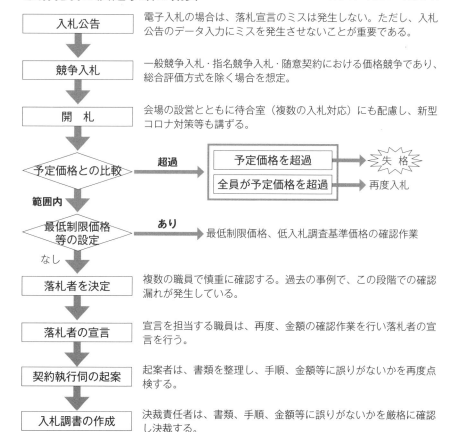

入札公告	電子入札の場合は、落札宣言のミスは発生しない。ただし、入札公告のデータ入力にミスを発生させないことが重要である。
競争入札	一般競争入札・指名競争入札・随意契約における価格競争であり、総合評価方式を除く場合を想定。
開札	会場の設営とともに待合室（複数の入札対応）にも配慮し、新型コロナ対策等も講ずる。
予定価格との比較 超過 → 予定価格を超過 → 失格 / 全員が予定価格を超過 → 再度入札	
範囲内 最低制限価格等の設定 あり →	最低制限価格、低入札調査基準価格の確認作業
なし 落札者を決定	複数の職員で慎重に確認する。過去の事例で、この段階での確認漏れが発生している。
落札者の宣言	宣言を担当する職員は、再度、金額の確認作業を行い落札者の宣言を行う。
契約執行伺の起案	起案者は、書類を整理し、手順、金額等に誤りがないかを再度点検する。
入札調書の作成	決裁責任者は、書類、手順、金額等に誤りがないかを厳格に確認し決裁する。

最低制限価格を下回っていないか

［関係法令等］　自治令第 167 条の 10 第 2 項
　　　　　　　　各自治体の最低制限価格取扱要綱等　入札者心得（書）

● ここが実務の CHECK・POINT ●

ミスの防止

ミスの内容	対策
・最低制限価格が設定されていることを失念し、この額を下回る事業者に落札宣言した。 ・最低制限価格を確認したが、思いこみで勘違いし、この額を下回る事業者に落札宣言をした。	・最低制限価格を下回る落札者の宣言は、複数の自治体で発生しているが、職員には悪意はなく、単純な間違いによるものである。 ・この種のミスは、**その後の対応に極めて困難な状況が発生するリスク**を認識しておく必要がある。 ・決裁責任者がすべての入札に立ち会うことはないので、事務担当者によるミスを開札の時点で決裁責任者がチェックすることは困難である。 ・これに対応するため、当日の入札案件の一覧表を作成し、最低制限価格及び予定価格を複数の職員で確認しておくことはミスの防止につながる。その際、**複数年度の予定価格及び最低制限価格の確認**に十分留意する必要がある。 ・電子入札の実施は、事前の設定ミスがなければ、落札者の宣言について、間違いの発生リスクはないと考えられる。

不正の防止

不正の内容（原因）	対策
・競争入札の開札において、最低制限価格を悪用する不正事件の発生事例は報告されていないと思われる。 ・開札手続きは、入札参加者の立ち合い及び複数の職員による手続きで進められるために、不正が発生するリスクが極めて低いと考えられる。 ・**不正事件は、業者間の談合及び最低制限価格の情報管理段階で発生する**ケースが多い。 ・しかし、契約制度の運用にあたっては、入札会場での入札参加者の不審な行動や、入札者心得（書）に違反する行為には十分注意しながら開札手続きを進める必要がある。	

◇最低制限価格は、自治令第167条の10を根拠とし、その趣旨はダンピング防止であることを認識する。

◇ダンピング受注は、手抜き工事を招くこと、工事の品質が低下すること、下請業者へのしわ寄せによる労働者の賃金及び労働条件の悪化を招くこと、さらには、安全対策の不徹底につながるとともに、若年労働者の減少の原因となり、建設業全体の発展を阻害するものである。

◇入札公告で最低制限価格を設定していることを確認し、設定している場合は、これを下回る入札は失格となることを前提に「落札者の宣言」を慎重に行う必要がある。

◉落札者の決定手順の概要

※各手順の右記述は留意事項

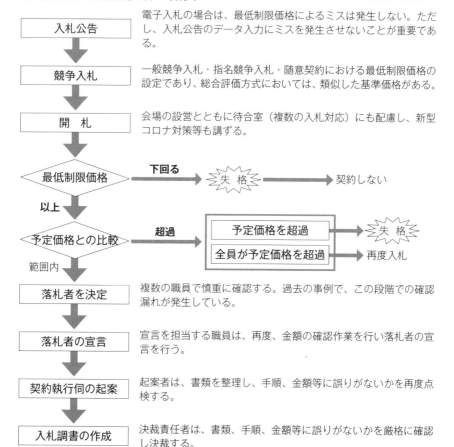

入札公告　電子入札の場合は、最低制限価格によるミスは発生しない。ただし、入札公告のデータ入力にミスを発生させないことが重要である。

競争入札　一般競争入札・指名競争入札・随意契約における最低制限価格の設定であり、総合評価方式においては、類似した基準価格がある。

開　札　会場の設営とともに待合室（複数の入札対応）にも配慮し、新型コロナ対策等も講ずる。

最低制限価格　下回る → 失　格 → 契約しない

以上

予定価格との比較　超過 → 予定価格を超過 → 失　格／全員が予定価格を超過 → 再度入札

範囲内

落札者を決定　複数の職員で慎重に確認する。過去の事例で、この段階での確認漏れが発生している。

落札者の宣言　宣言を担当する職員は、再度、金額の確認作業を行い落札者の宣言を行う。

契約執行伺の起案　起案者は、書類を整理し、手順、金額等に誤りがないかを再度点検する。

入札調書の作成　決裁責任者は、書類、手順、金額等に誤りがないかを厳格に確認し決裁する。

低入札価格調査の基準額を下回っていないか

［関係法令等］　自治令第 167 条の 10 第 1 項
　　　　　　　　各自治体の低入札価格調査基準取扱要綱等　入札者心得（書）

ここが実務の CHECK・POINT

ミスの防止

ミスの内容
・低入札調査基準価格の設定を失念し、この額を下回る事業者に落札宣言をした。

対策
・低入札調査基準価格を下回る落札者の宣言は、複数の自治体で発生しているが、職員には悪意はなく、単純な間違いによるものである。 ・この種のミスは、その後の対応に極めて困難な状況が発生するリスクを認識しておく必要がある。 ・決裁責任者がすべての入札に立ち会うことはないので、事務担当者によるミスを開札の時点で決裁責任者がチェックすることは困難である。 ・これに対応するため、当日の入札案件の一覧表を作成し、低入札調査基準価格及び予定価格を複数の職員で確認しておくことはミスの防止につながる。その際、**複数年度の予定価格及び低入札調査基準価格の確認**に十分留意する必要がある。 ・電子入札の実施は、事前の設定ミスがなければ、間違いの発生リスクはないと考えられる。

不正の防止

不正の内容（原因）	対策
・競争入札の開札において、低入札価格調査を悪用する不正事件の発生は報告されていないと思われる。 ・開札手続きは、入札参加者の立ち合い及び複数の職員による手続きで進められるために、不正が発生するリスクが極めて低いと考えられる。 ・不正事件は、**業者間の談合及び低入札調査基準価格の情報管理段階で発生するケースが多い。** ・しかし、契約制度の運用にあたっては、入札会場での入札参加者の不審な行動や、入札者心得（書）に違反する行為には十分注意しながら開札手続きを進める必要がある。 ・低入札価格調査を進める間に、恣意的な調査により、失格事業者を適格事業者と認定することは考えられる。このような不正を防止するためには、低入札価格調査の基準を精査し、調査委員会の機能等を確認することが必要である。	

◇低入札調査基準価格は、自治令第167条の10を根拠とし、その趣旨はダンピング防止であることを認識するとともに、入札公告で低入札調査基準価格を設定しているかどうかを確認する。

◇開札にあたって、低入札調査基準価格を設定している場合は、これを下回る入札は、要綱等に基づいて契約内容の履行確認調査が必要であることを説明する。

◇履行確認の調査は、担当者の単独調査ではなく、調査委員会等の客観性のある調査を実施する必要がある。

◇調査の結果、履行確認ができない場合は、失格とし契約はできない。

●落札者の決定手順の概要

※各手順の右記述は留意事項

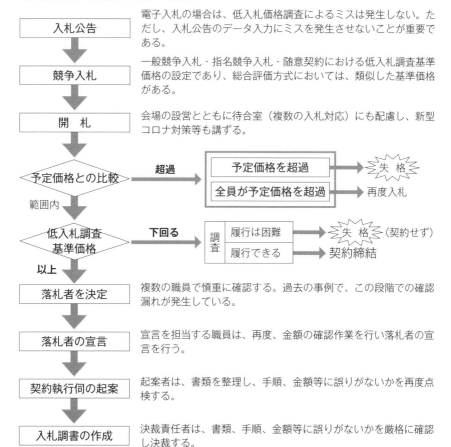

総合評価制度の価格点・技術評価点に誤りはないか

[関係法令等]　自治令第 167 条の 10 の 2　適正化指針 第 2-2-（1）-②
各自治体の総合評価方式実施要綱等　入札者心得（書）

ここが実務の CHECK・POINT

ミスの防止

ミスの内容	対策
・要綱等を確認せず、要綱等では失格とすべき基準価格を下回る事業者を落札者にした。	・総合評価方式実施要綱、ガイドライン等を、あらためて確認し、入札手続きのプロセスを点検する。
・要綱等を確認せず、要綱等では点数をマイナス加算とすべき価格点をマイナスせず満点を付したため、当該事業者が落札者になった。	・技術評価点の審査にあたっては、職員が行う場合は、複数で確認する。 ・当日の入札案件の一覧表を作成し、価格点及び技術評価点の確認にミスが発生しない対策を検討する。

不正の防止

不正の内容（原因）	対策
・入札への参加申込後に提出される「技術評価資料」により技術評価点を付したが、この情報を特定事業者に提供した不正事件が発生している。情報を入手した事業者は競争相手の技術評価点をもとに有利な入札（価格提示）を行い落札者となった。	・技術評価点の漏洩の防止策としては、複数職員での事務対応も考えられるが、入札後に技術評価点を確定する**事後審査方式も有効**と考えられる。 ・開札手続きは、入札参加者の立ち合い及び複数の職員による手続きで進められるために、入札会場で価格点などの不正が発生するリスクが極めて低いと考えられる。
・顔見知りの事業者に対して、技術評価資料の確認を意図的に見逃し、高い点数を付していた。	・不正事件は、その前後の手続きにおいて発生するケースが多い。

ココに注意！　プロポーザル方式と総合評価

　プロポーザル方式は、決定した事業者と随意契約を締結することになるため、入札会場における落札者宣言の手続きはありません。ただし、プロポーザル方式に総合評価を組み合わせた場合、不正の防止の観点からは、審査基準と審査委員の選定がポイントになることに留意しましょう。

基本ルール ・・・・・・・・・・・・・・・・・・・・・・・・・・・・・・・・・・・・・・●

◇公共工事の総合評価方式は、事業者の工事の施工能力等を的確に反映することにより、品質及び性能の確保、安全性の向上、施設の長寿命化を図ることを目的にしている。

◇入札公告で総合評価の条件を設定している場合は、要綱等に基づいて価格点と技術評価点の合計で落札者を決定する。

◇価格点と技術評価点の算出については、複雑な計算式を設定している自治体もあることから、計算ミスが発生しないよう慎重に確認する。

●落札者の決定手順の概要　　※各手順の右記述は留意事項

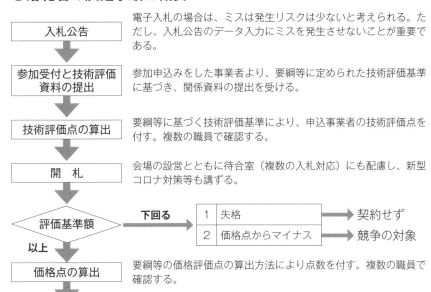

| 入札公告 | 電子入札の場合は、ミスは発生リスクは少ないと考えられる。ただし、入札公告のデータ入力にミスを発生させないことが重要である。 |

| 参加受付と技術評価資料の提出 | 参加申込みをした事業者より、要綱等に定められた技術評価基準に基づき、関係資料の提出を受ける。 |

| 技術評価点の算出 | 要綱等に基づく技術評価基準により、申込事業者の技術評価点を付す。複数の職員で確認する。 |

| 開　札 | 会場の設営とともに待合室（複数の入札対応）にも配慮し、新型コロナ対策等も講ずる。 |

評価基準額　　下回る　→　1 失格 → 契約せず

以上　　　　　　　　　2 価格点からマイナス → 競争の対象

| 価格点の算出 | 要綱等の価格評価点の算出方法により点数を付す。複数の職員で確認する。 |

| 価格点と技術評価点の合計で落札者を決定 | 価格点と技術評価点を合計し、点数の一番高い事業者を落札者と決定する。複数の職員で確認する。 |

| 落札者の宣言 | 宣言を担当する職員は、再度、金額の確認作業を行い落札者の宣言を行う。 |

| 契約執行伺の起案 | 起案者は、書類を整理し、手順、金額等に誤りがないかを再度点検する。 |

| 入札調書の作成 | 決裁責任者は、書類、手順、金額等に誤りがないかを厳格に確認し決裁する。 |

事件 File 10

現職の職員が連続して逮捕、業者との仲介役に職員 OB が関与！

　S県N市において、2019（令和元）年10月から12月にかけて、立て続けに2人の職員が官製談合防止法違反で逮捕されるという事件が発生した。

　まず、2019年10月18日、市発注の駐輪場改修工事の予定価格を漏洩したとして、工事検査課の現職の職員（再任用）、元職員、M社の社長が逮捕された。再任用職員は、元職員とは、かつて上司・部下の関係にあり、日常的に飲食や釣り、ゴルフに同行し、料金を支払っていなかったという。情報の漏洩は、携帯電話でやり取りされており、職員の間でも、この様子が目撃されていたようである。

　市によると、逮捕された再任用職員は、工事の設計審査業務を通じて、予定価格を知り得る立場にあった。2018年3月、上水道工務課長で退職し、再任用職員として、同年4月から現在の工事検査課で働いていた。入札情報システムによると、職員が工事検査課に配属された2018年度からこれまでの約1年半で、M社は市発注工事49件の一般競争入札に参加し、計15件を落札していた。このうち、3件が落札率98パーセントを上回っていた。

　この事件を受けて、市は再発防止にむけた研修などを計画し実行していた。その最中に、2件目の逮捕者が出た。2019年12月4日、公共工事の入札に関する情報を同じM社に漏らしたとして工事検査課の課長補佐が逮捕された。2018年10月、市が発注した道路改良工事の設計額をM社の男に伝え、工事を落札させた疑いで逮捕されたもので、M社は、この工事を、最低制限価格1,999万2,000円をわずか8,000円だけ上回る2,000万円で落札していた。2人は仕事を通じて知り合い飲食を共にする仲だったという。

　この事件の特徴は、M社に対して複数ルートの情報漏洩が確認され、それに職員のOBが仲介役として登場していることである。さらに、職員OBと現職の職員の間に、密接な関係が以前からあったことも指摘される。このような構図から、日常的に業者との飲食、ゴルフ、釣りなどの関係があり、贈収賄の温床となっていたことである。

　報道によれば、職員と業者との関係は、日常的に携帯電話のやり取りなどが目撃されていること、さらに現職の複数の職員と、職員OBが関係していることから、組織的・構造的な不正が一部にあったのではないかと疑われるとのことである。

　また、再任用職員に対して、予定価格を知りうる立場に置いたという、組織マネジメントの在り方も指摘されよう。この事件から学ぶことは多い。

第5章

契約を締結する場面

check
22

契約書の様式の選択は妥当か

［関係法令等］　各自治体の財務規則　契約事務規則等

ここが実務の CHECK・POINT ･････････････････････････････････●

ミスの防止

ミスの内容	対策
・本来使用すべき契約書の種類を間違えて渡し、事業者から記名押印されたものが提出された後、誤りに気がついた。	・修正が不可能な契約書であれば、丁寧にお詫びし再作成をすることになる。 ・この種の事務的ミスは日常的に発生する可能性があり、**契約事務全体のマニュアル化とともに使用する様式等の徹底を図る必要がある。**

不正の防止

不正の内容（原因）	対策
・自治体契約で契約書の様式の選択に関わる不正事件は発生していないと思われる。 ・契約書の種類に関しては、各自治体によって差があり、詳細を公開していない自治体もある。しかし、**発注側と受注側の手続きをスムーズに進めるためにも、様式等の公開は必要であろう。** ・定められた**契約書の様式を実務的に選択できるよう、契約事務マニュアルとセット**になっていると、契約事務がスムーズに進む可能性がある。 ・自治体の定めた契約書ではなく、**事業者が定めた契約書による場合も考えられる。**この場合、当該様式を採用するかどうかは自治体の判断となる。	

◉自治体で使用する各種契約書の様式

［ココに注意！］　契約書に使われる「甲」と「乙」

　契約書では、発注者（甲）、受注者（乙）の表記がされていますが、この「甲」「乙」の表記を廃止する自治体が増加しています。もともと「甲」「乙」等の表記は「十干」の表記「甲・乙・丙・丁・戊・己・庚・辛・壬・癸」が元になっています。「甲」「乙」の表記が、序列を決める時に使われたり、優劣（上下）を決める意味を持つようになったことから、自治体実務に相応しくないとの判断があるようですね。

◇契約書に双方が記名押印することで契約は成立する。

◇契約は、単なる約束ではなく、法的な拘束力をもち、これに違反した場合は、賠償責任など法的責任が発生することに留意する必要がある。

◇その契約内容が記載された契約書は、自治体の公共契約にとって極めて重要である。

◇自治体によって、契約書の種類の整理・分類は多様であるが、どのように分類しようとも、実際の契約行為で、後日トラブルの発生しない契約を締結するための分類と整理は必要である。

◇公共工事標準請負契約約款は、法改正などの対応がなされていることから、自治体でもこれを基本とした契約書が用いられている。

◇これ以外の契約書については、実務に即した分かりやすい分類がされ、実務に適合した契約書を使用することによって、後日の契約トラブルを防止できる。

◉公共工事標準請負契約約款の位置付け

建設業法第 34 条	→	決定	契約書名	最終改正日
			公共工事標準請負契約約款	令和 4 年 9 月 2 日
中央建設業審議会 1949 年 8 月 20 設置			民間建設工事標準請負契約約款（甲）	〃
			民間建設工事標準請負契約約款（乙）	〃
			建設工事標準下請契約約款	〃
			公共土木設計業務等標準委託契約約款	令和 4 年 7 月 13 日

◉公共工事に関わる契約書の制定事例

契約書名	説　明
1 建設工事請負契約書（A）	130 万円超 1,000 万円未満の工事用
1 建設工事請負契約書（A）	130 万円超 1,000 万円未満の工事用（前金払有）
2 建設工事請負契約書（B）	1,000 万円以上 1 億 5,000 万円未満の工事用
3 建設工事請負仮契約書（A）	1 億 5,000 万円以上用
4 建設工事請負仮契約書（B）	1 億 5,000 万円以上で共同企業体（JV）用
5 建設工事請負変更契約書	1 億 5,000 万円未満の変更契約用
6 建設工事請負変更仮契約書	1 億 5,000 万円以上の変更契約用
7 建設工事下請契約書（参考例）	下請を使用する場合の契約書参考例
8 リサイクル法関係特約書面（No.1）	建築物の解体に関する特約書面
9 リサイクル法関係特約書面（No.2）	建築物の新築に関する特約書面
10 リサイクル法関係特約書面（No.3）	土木工事に関する特約書面
11 暴力団排除に関する特約書面 （平成 25 年 4 月 1 日施行）	受注者に関する情報の警察への照会並びに暴力団等から業務妨害または不当要求を受けた場合における発注者への報告及び警察への届出義務に関する特約書面

議会の議決が必要な契約か

[関係法令等]　自治法第 96 条第 1 項第 5 号・8 号
自治令第 121 条の 2 第 1 項・第 2 項　各自治体の契約議決条例

ここが実務の CHECK・POINT

ミスの防止

ミスの内容	対策
・議決提案した契約書に記載ミスが発見された。	・契約書の様式を制定することで、個々の条文のミスを防止できる。
・予定価格は、議決の必要な金額であったが、落札額が議決の必要な金額を下回っていたため契約議案を提出しなかった。	・防止対策としては、職員研修の継続実施とともに、起案文書にチェック欄（議決の有無）を設けるなど、契約プロセスの見直しで防止できる可能性がある。

不正の防止

不正の内容（原因）	対策
・不適切事例として、議会の議決を得ない契約が執行されていた事例がある。 ・その事例においては、単発的なミスではなく、長年にわたってチェックが漏れ、過去 10 年間で 8 件の契約が議決を得ないで執行されていた。	・自治体契約で議会の議決権に関わる不正事件は発生していないと思われる。 ・議会の議決を得ない契約を執行していた事例は、複数の自治体で報告されている。 ・結果的には「未議決議案」として議決を得られているが、関係した多くの職員が「監督責任」から懲戒処分（戒告）を受けている。 ・原因は、①担当職員の知識不足であったこと、②起案決裁が見過ごされていたことにある。 ・また、監査委員の決算監査及び議会の決算審査でも発見されていない。 ・この種のミスは単純ミスでは済まされない。議会の立場としては「議決権の侵害」にあたるからである。 ・防止対策としては、職員研修の継続実施とともに、起案文書にチェック欄（議決の有無）を設けるなど、契約プロセスの見直しで防止できる可能性がある。

◇自治体契約は、自治法第 96 条第 1 項の規定により、一定の条件の契約は、議会の関与（議決）を受ける。

◇自治法第 96 条第 1 項第 5 号は、自治令第 121 条の 2 第 1 項に定める「工事又は製造の請負」に関して、議会の議決を必要としている。

◇自治法第 96 条第 1 項第 8 号は、自治令第 121 条の 2 第 2 項に定める「不動産・動産・不動産の信託の受益権の買入れ、売払い」に関して、議会の議決を必要としている。

◇自治法及び自治令の規定を受け、議決を要する契約の範囲は、条例で定めることとされている。

◇条例の規定は、自治令と同額の基準額を規定しているケースが圧倒的に多い。

●条例による「議会の議決が必要な契約等」

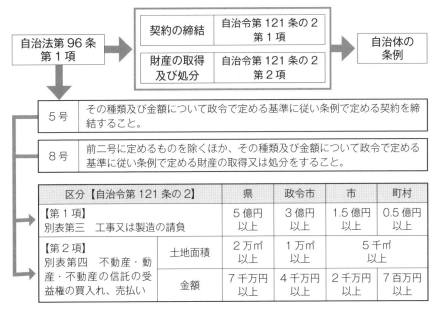

区分【自治令第 121 条の 2】		県	政令市	市	町村
【第 1 項】 別表第三　工事又は製造の請負		5 億円 以上	3 億円 以上	1.5 億円 以上	0.5 億円 以上
【第 2 項】 別表第四　不動産・動産・不動産の信託の受益権の買入れ、売払い	土地面積	2 万㎡ 以上	1 万㎡ 以上	5 千㎡ 以上	
	金額	7 千万円 以上	4 千万円 以上	2 千万円 以上	7 百万円 以上

［ココに注意！］「ミスの連鎖」

　一般的に「ミスは繰り返される」「ミスの連鎖」などと表現されます。何が原因かはつかめませんが、実際に、このような現象があるようです。ある自治体で、議会の議決を得ない契約が発見され、議会対応及び再発防止の研修を実施している期間に、当該自治体の介護保険課が誤った納付書を数千通発送したという事件が報道されています。ミスを繰り返すと対外的な信用もなくしますので、どんな事務でも正確さが大事ですね。

契約書の内容に誤りはないか

[関係法令等] 自治法第234条 各自治体の財務規則 契約事務規則等

ここが実務の CHECK・POINT ●

ミスの防止

ミスの内容	対策
・契約を締結し、業者は3千円の印紙を負担した。後日、役所の担当から「契約書に間違いが見つかったので再作成します。再度印鑑と印紙を持参してください」と連絡があった。 ・契約書を再作成し、元の契約書の印紙について、担当者から「税務署から還付される」と説明を受けたが、税務署で還付を断られた。	・契約書を再作成した場合、新契約書にも印紙を貼付する必要があり、事業者に負担を強いるのは問題がある。 ・このような場合は、原契約書を活かした修正を検討する必要がある。 ・契約担当者の説明は正確でなければならないことに留意する。

不正の防止

不正の内容（原因）	対策
・工事請負契約を締結し、必要のない変更契約書及び検査書を偽造し公金を支払った。この支払分を職員が業者からの借金の返済に充てていた。	・契約書の締結場面での不正事件の発生は、現時点でないと思われる。 ・不正事件は、契約に至るプロセス及び契約の履行確認で発生するケースが多い。 ・極めてまれな不正事件として、**契約変更書を偽造した事例**がある。業者からの借金の返済を肩代わりしたもので、悪質な事件である。
・不適切事例として、契約書の作成が煩わしいので、修繕工事を意図的に分割し、契約書の省略が可能な金額以下として請書で修繕工事を発注していた。	・このような事例から、新規の契約書についてのチェックポイントとともに、契約変更の場合は、**変更の理由を厳格に確認する**必要がある。

ココに注意！ 120年ぶりの民法改正

　民法の債権法部分は、今までほとんど改正が行われていませんでした。120年ぶりに平成29年6月に改正民法が公布され、令和2年4月1日から施行されました。改正内容は、現代社会のルールに対応し、法定利率の見直し、時効制度の見直しをはじめとした多くの改正が行われています。自治体契約に係る部分を確認しておく必要がありますね。

◇契約書に記述された内容は、拘束力をもち、その内容に間違いがあってはならない。また、解釈の違いからトラブルになることを避けなければならない。

◇そのため、契約書を締結する決裁においては、より慎重に契約書の内容を確認する必要がある。

◇特に以下の項目については、具体的な条文を確認する必要がある。

　①確定払の契約かどうか。支払のための予算は確保されているか。

　②前払金が伴う契約かどうか。予算が確保されているかどうか。

　③概算払の契約かどうか。概算払であれば精算が伴う。

　④長期継続契約の契約か。当該年度の歳出予算は確保されているか。

　⑤契約保証金の規定を確認する。

　⑥債務不履行の場合の損害賠償等の規定を確認する。

　⑦解約条件の規定を確認する。

●民法の改正により公共工事請負契約約款の改正につながった項目

民法の主な改正事項【債権法を中心に】 平成29年法律第44号（平成29年6月2日公布） 令和2年4月1日施行		公共工事標準請負契約約款の 条文改正（令和元.12.13）に反映
1．消滅時効に関する見直し		
2．法定利率に関する見直し		
3．保証に関する見直し		（第4条関係）
4．債権譲渡に関する見直し		（第5条関係）
5．約款（定型約款）に関する規定の新設		
6．意思能力制度の明文化		
7．意思表示に関する見直し		
8．代理に関する見直し		
9．債務不履行による損害賠償の帰責事由の明確化	発注者の損害賠償請求権	（第55条関係） （第56条関係）
	受注者の損害賠償請求権	（第47条・第48条・第49条関係） （第51条・第52条・第53条関係）
10．契約解除の要件に関する見直し	発注者の解除権	（第54条関係）
	受注者の解除権	（第45関係）（第57条関係）
	解除に伴う措置	
11．売主の瑕疵担保責任に関する見直し		
12．原始的不能の場合の損害賠償規定の新設		
13．債務者の責任財産の保全のための制度		
14．連帯債務に関する見直し		
15．債務引受に関する見直し		
16．相殺禁止に関する見直し		
17．弁済に関する見直し（第三者弁済）		
18．契約に関する基本原則の明記		
19．契約の成立に関する見直し		
20．危険負担に関する見直し		
21．消費貸借に関する見直し		
22．賃貸借に関する見直し		
23．請負に関する見直し		
24．寄託に関する見直し		

※民法の改正項目は、法務省資料による。

契約書の押印等を確認したか

[関係法令等] 自治法第234条　各自治体の財務規則　契約事務規則等

ここが実務の CHECK・POINT ···●

ミスの防止

ミスの内容	対策
・契約書が作成され、双方が記名押印をしたが、事業者の印鑑は、指名参加登録時の届出印と異なっていた。	・契約書に用いる印鑑は、**資格審査時に届けられた印鑑と同一**でなければならない。 ・すべての契約について、この確認作業は困難と思われるので、入札者心得（書）に注意喚起するなどの対策を講ずる。
・契約書に押印された事業者の代表者印が擦れて判読できない状態だった。	・契約書の印影が明確に判読できるよう押印時に注意を払う。

不正の防止

不正の内容（原因）	対策
・自治体契約で、契約書の記名押印に関する不正事件は発生していないと思われる。 ・契約は、当事者双方の合意内容の意思確認であるから、契約書に用いる印鑑は、**資格審査時に届けられた印鑑と同一**でなければならない。 ・契約書が1枚ではなく複数枚の綴りになっている場合は、袋とじになっていること、さらに双方の**割印**が行われているかを確認する。 ・契約書が1枚の場合、双方の**契印**が押捺されているか確認する。 ・印紙の貼付が必要な**契約**については、印紙に**消印**が押捺されているかを確認する【民間契約で印紙の使いまわし事件が発生している】。 ・契約書の余白に**捨印**を押捺することはしない。捨印は、白紙委任と同義であり、契約書の改竄に結びつくからである。	

▶紙と電子契約の違い

ココに注意！　電子契約実現の動き

　令和3（2021）年度、全国の自治体に先駆けて、新潟県三条市が電子契約の実施を発表しました。電子署名などの基準については、自治規則と総務省告示で、かなり厳格なルールが定められていました。しかし、令和3年3月には、この厳しいルールが削除されたことから、自治体契約に電子契約の取組が広がりつつあります。

◇令和 2（2020）年 9 月 16 日、菅内閣が発足し河野太郎行革担当相は、押印廃止の方針を示した。

◇各省庁において見直しに着手した結果、河野太郎行革担当相は 10 月 16 日の記者会見で、約 1 万 5 千の行政手続きのうち、「99.247％の手続きで押印を廃止できる」と明らかにした。

◇国のこうした動きに合わせ、自治体においても押印廃止に向けた動きが進んでいるが、従来から押印原則の見直しは、自治体でも取り組まれてきた課題である。

◇今回の押印廃止の方針は、簡素な行政手続きの実現として、相対的には歓迎すべきものではあるが、自治体の契約事務において検討しなければならない課題がある。

◇自治体の契約制度は、現在は、書面主義、押印原則、対面主義となっているが、重要なことは、押印廃止だけではなく、書面主義及び対面主義の見直しと同時に検討されなければならないことである。

◇国の規制改革推進会議からも、令和 2（2020）年 5 月 22 日、「行政手続における書面主義、押印原則、対面主義の見直しについて（再検討依頼)」が各府省規制改革担当宛てに通知されている。

◇押印主義が定着しているのは、自治法第 234 条第 5 項の規定によって、自治体の契約制度が運用されているからである。ただし、同条の規定は、自治体の電子契約を可能としている点が重要である。

◇現状、全国の自治体で電子契約は実施されていない。仮に電子契約が実現できれば、書面主義、押印原則、対面主義は一気に解決すると思われる。

◇いくつかの自治体では、契約制度の押印廃止につき、契約書以外の見積書、請書、入札書、届出書などについて押印廃止を決定している。

参考条文　第 234 条 第 5 項（契約の締結）

普通地方公共団体が契約につき**契約書**又は契約内容を記録した電磁的記録を作成する場合においては、当該普通地方公共団体の長又はその委任を受けた者が契約の相手方とともに、**契約書に記名押印**し、又は**契約内容を記録した電磁的記録**に当該普通地方公共団体の長若しくはその委任を受けた者及び契約の相手方の作成に係るものであることを示すために講ずる措置であつて、当該電磁的記録が改変されているかどうかを確認することができる等これらの者の作成に係るものであることを確実に示すことができるものとして総務省令で定めるものを講じなければ、当該契約は、確定しないものとする。

例月の事務上のミスを公表、契約関係のミスが多発！

　S県S市は、HPにて庁内で発生した事務的ミスの報告を積極的に公開し、再発防止に取り組んでいる。この姿勢は評価されるべきであろう。

　2019（平成31）年4月から2020（令和2）年4月までの13か月の報告のうち、契約事務に関わるものは、かなりの件数に上るが、この種の事務的ミスは、深刻なトラブルにつながる恐れもあり、根絶する努力が必要であろう。以下、S市のホームページ情報を集計した。

1. 最低制限価格の設定誤り

事例…植栽地管理業務及び花壇管理業務の指名競争入札で、電子入札システムの最低制限価格の設定を誤り入札は中止。

2. 入札・開札手続きの誤り、落札者宣言の誤り

事例①…公民館外3館機械警備業務の指名競争入札で、最低制限価格を下回る者を誤って決定／**事例②**…交通安全施設修繕業務の指名競争入札で、本来落札者とすべき者の入札額が最低制限価格を下回っていると錯誤し、次点の入札者を誤って落札宣言／**事例③**…委託業務の開札で、予定価格と入札金額との比較の際に予定価格超過と錯誤し一時入札不調として処理（3件）／**事例④**…下水道工事の一般競争入札の電子入札で、設計金額の予定価格を事後公表とすべきところ誤って公開したため入札中止／**事例⑤**…祭典会場周辺警備業務の指名競争入札で、警備業務の登録がない業者を誤って選定していたため入札無効

3. 入札関係資料の計数等の誤り

事例①…道路照明施設修繕業務（単価契約）及び交通安全施設修繕業務（単価契約）の指名競争入札で、誤った予定価格書により入札を実施／**事例②**…小学校改築工事基本設計業務の一般競争入札で、入札後に仕様書の誤記載が判明したため契約手続きを中止

4. 資料の送付先の誤り

事例①…卸売市場で使用する電気の一般競争入札で、競争入札参加資格確認結果通知書を誤って別の事業者へ送付したため入札中止／**事例②**…盆栽緑地広場外管理業務の指名競争入札において、指名業者に異なる業務仕様書を送付（5者）。

5. その他

事例…給水装置工事検査に係る現場検査中に、工事関連図書の設計図面や給水竣工図謄本の写し等を紛失

第6章

契約の進捗状況を
確認する場面

契約書に定める報告がなされているか

［関係法令等］　各自治体で締結された契約書

ここが実務の CHECK・POINT ....●

ミスの防止

ミスの内容	対策
・担当職員が契約の完了間際まで進捗状況を確認せず、納品された計画書が契約上の仕様を満たしていなかった。	・決裁責任者は、契約時の決裁、完了支払時の決裁をするだけでなく、**事業の進行管理を計画的に実施**することが、ミスの防止と契約の品質確保につながる。

不正の防止

不正の内容（原因）	対策
・工期の遅れを隠蔽するために、手抜き工事、安全対策の手抜きを行い、検査員が意図的に見逃していた。	・検査員及び関係職員が、契約の履行条件を意図的に優遇する行為は、官製談合とはならないが、**明確な非違行為**である。
・不適正事例として、契約書に定めのない事項について、契約相手方の担当者に対し、ヒアリングを実施、事細かに指示を出していた。	・これを防止するためにも、事業の進行管理の視点から、契約書に定めた報告事項、中間検査などを厳格に実行する必要がある。 ・請負契約に関して、契約書に定めのない事項を発注側から報告を求めたり指示することは、**偽装請負**に該当する。特に委託契約で発生する可能性があるので、関係職員に周知する必要がある。
・不適正事例として、受注者から工期延長の協議申し入れがあったにも関わらず、協議に応じないで工期の厳守を指示していた。	・担当職員が工期の遅れの責任を逃れることから、**受注者に権力的な指示を行ってはならない**。**契約の基本は対等性であること**を職員に周知する必要がある。

参考条文　公共工事標準請負契約約款（受注者の請求による工期の延長）

第22条　受注者は、天候の不良、第2条の規定に基づく関連工事の調整への協力その他受注者の責めに帰すことができない事由により**工期内に工事を完成することができないとき**は、その理由を明示した書面により、発注者に工期の延長変更を請求することができる。

2　発注者は、前項の規定による**請求があった場合**において、必要があると認められるときは、**工期を延長しなければならない**。発注者は、その工期の延長が発注者の責めに帰すべき事由による場合においては、請負代金額について必要と認められる変更を行い、又は受注者に損害を及ぼしたときは必要な費用を負担しなければならない。

◇契約書に規定された書類の提出、中間的な報告、事業環境の変化など
　について確認することは、契約上の工期（納期）を守るとともに、品
　質の確保にとっても重要である。

◇契約書に規定された報告等の漏れは、工期の遅れ、安全対策の不備等
　につながることに留意する必要がある。

◇電算システムの開発契約などについて、成果物が目視できないことも
　あり、定期的な進捗状況の確認会議は重要であり、当初予想できなかっ
　た課題なども共有できる。

◇公共工事については、特に設計条件との<ruby>乖<rt>かい</rt></ruby>離、予期できなかった事情
　による工期の遅れが問題となる。漏れのない報告と情報の共有が工事
　の品質確保につながる。

●契約書に基づく報告等の確認

| 自治体 | → | 契約書 | ← | 事業者 |

　　　　履行の確認　　　　　　　　履行

契約書に規定されると思われる報告等	
①書類の提出と承認	工事工程表、着手届、現場代理人の選任等、契約書に定める書類の提出など。
②定期的（1か月）な進捗状況の報告	事業等の進捗状況について、定期報告書の提出など。
③1か月に一回の進捗会議への出席と報告	月例の進捗会議、ヒアリングへの出席と報告など。
④成果物（計画書・報告書）の原案納品と確認	成果物の中間検査、計画書の原案提出など。
公共工事請負契約約款に定める報告等の事例	

（条件変更等）
第18条　受注者は、工事の施工に当たり、次の各号のいずれかに該当する事実を発見したときは、その旨を直ちに監督員に通知し、その確認を請求しなければならない。
　一　図面、仕様書、現場説明書及び現場説明に対する質問回答書が一致しないこと（これらの優先順位が定められている場合を除く。）。
　二　設計図書に誤謬又は脱漏があること。
　三　設計図書の表示が明確でないこと。
　四　工事現場の形状、地質、湧水等の状態、施工上の制約等設計図書に示された自然的又は人為的な施工条件と実際の工事現場が一致しないこと。
　五　設計図書で明示されていない施工条件について予期することのできない特別な状態が生じたこと。

工期（納期）に遅れが生じないか

[関係法令等] 自治法第216条【歳出予算】、第212条【継続費】、
第213条【繰越明許費】、第214条【債務負担行為】、
第234条の3【長期継続契約】
各自治体で締結された契約書

ここが実務の CHECK・POINT ●

ミスの防止

ミスの内容	対策
・工期の設定にあたり、土・日・祭日のカウントを大幅に間違えたにも関わらず、契約事務を強行した。 ・この件が着工後に明らかになったが、工期の変更契約を行わなかった。	・ミスの発生は、100％防止するのは難しいこともある。 ・しかし、事実が明確になった場合は、ミスを隠蔽するのではなく、真摯に対応し、発生防止に努めることが必要である。

不正の防止

不正の内容（原因）	対策
・工期は3月25日に設定されていたが、実際には、新年度の4月15日に完了した。契約手続上、繰越明許費とすべきところ、この手続きをせず、完了届を3月30日とした虚偽書類を作成し検査も完了させていた。	・予算計上の段階から、事業期間を意識し、無理な工期設定を避ける。 ・複数年度の契約制度を活用し、**余裕を持った工期設定と、工期の平準化**を図る。 ・**工期設定ガイドライン**を作成し、これによって進行管理をする。 ・公共工事において、特に監督員と現場代理人との意見交換を密にし、工期管理を行う。 ・決裁責任者は、定期報告などによって現状を把握する。 ・やむを得ない遅れが想定された場合、現状把握に努め、迅速な判断を行う。 ・その結果、工期の遅れが生ずる場合は、**繰越明許費又は事故繰越の予算対応**を行い、完了検査の日付などを改ざんすることは絶対に避ける。 ・事業の財源に国庫補助金が充てられている場合は、関係機関と十分協議する必要がある。

◇適正な工期の設定は、工事の安全対策と品質確保、さらには建設労働者の働き方改革を狙いとしたものである。この点については、品確法第7条第1項第6号に規定されている（check12参照）。

◇適正な工期を設定していても、やむを得ない理由により、工期が遅れる場合がある。災害の発生や輸入制限による材料調達の遅れなどは、受注者の責任にすることはできず、このような事情が発生した場合は、契約に基づき協議することとなる。

◇このような事態にスムーズに対応するためにも、契約書に基づき事業の進行管理を実施しておく必要がある。

◇工期の延長の協議が整った場合は、当初予算に合わせた補正予算の対応が必要となる。

●計画的な工事発注による工期の設定

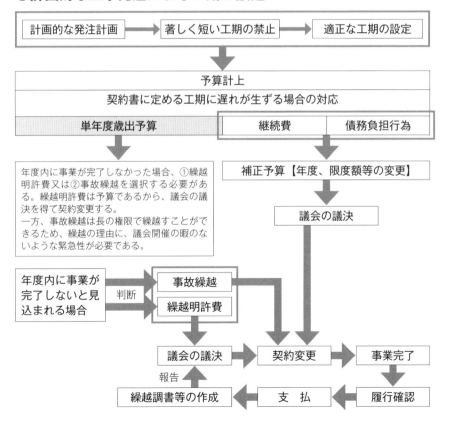

市民からの苦情等が発生していないか

［関係法令等］　各自治体の苦情対応マニュアル
　　　　　　　　各自治体で締結された契約書

ここが実務の CHECK・POINT ‥‥‥‥‥‥‥‥‥‥‥‥‥‥‥‥‥‥‥●

ミスの防止

ミスの内容	対策
・受注事業者から苦情等の報告があったにも関わらず、上司への報告を失念し、苦情申立人から、行政の対応に関して厳しい指摘を受けた。	・苦情等の初期対応のまずさが露呈した事例である。 ・苦情等への対応は、危機管理の一場面でもある。組織全体として、苦情対応研修の実施を検討すべきである。 ・もちろん、苦情等を発生させない組織マネジメントの確立は必然である。

不正の防止

不正の内容（原因）	対策
・不適切事例として、不当な要求にも関わらず、金銭での解決を図ろうとした結果、要求がエスカレートした。	・苦情等の対応では、**金銭的な解決**はあってはならない。また、**不当な要求については、カスタマーハラスメントに分類される**ため、毅然とした対応を図る必要がある。

（参考）「苦情・クレーム」と「カスタマーハラスメント」の違いと対応		
	カスタマーハラスメント	苦情・クレーム（claim）
違い	請求や要求の背景には、いじめ、嫌がらせの体質があり、行政暴力に近い不当な要求が伴う。	請求や要求の背景に改善の希望、期待がある。
対応	不当な要求には応じない毅然とした対応	丁寧な説明と謝罪等による改善

ココに注意！ 「クレーム（claim）」と「苦情」の違い

「クレーム（claim）」は、行政サービスに関して、直接的に損害を受けた場合の請求行為のことを表す言葉です。「苦情」は、何らかのトラブルに不満を感じた市民がその不満を表す言葉です。実際は、あまり区別されていませんが、苦情等の対応では知っておくべきことですね。

◇苦情等は、工事現場、委託事業の現場、公の施設の利用現場、行政機関の窓口など、様々な場面で発生する。

◇苦情等への対応は、初期対応が重要であり、この対応を誤ると苦情等の解決が困難になる場合がある。

◇契約書に、苦情等が発生した場合、自治体への報告義務を盛り込むことは有効であり、自治体と受注事業者が協力して解決にあたることが重要である。

◇現場での苦情等を隠蔽し、苦情等が拡大した場合、マスコミに取り上げられるケースもあり、その対応には、多くの時間を費やすことになる。

◇契約案件の決裁責任者は、常に苦情等の発生について、現状を把握しておく必要がある。

●苦情の発生に関する関係図

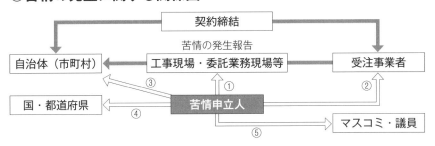

苦情の発生事例（①～⑤は上記図中に対応）		
①	工事	◇工事現場での騒音・振動・埃等に関する苦情 ◇休日・夜間工事に関する苦情 ◇工事をしていない期間における現場の養生に関する苦情
	委託	◇ごみ収集の積み残しに関する苦情 ◇ごみ収集車のスタッフの態度、運転等に関する苦情 ◇公の施設の管理委託に関して、受付対応に関する苦情 ◇公の施設の利用制限、料金に関する苦情
②		①の苦情に関して、その改善を本社等へ求める要求
③		自治体の事業者選定責任及び監督責任を追及する苦情
④		国・都道府県に対して、自治体（市町村）の指導監督責任を追及する苦情
⑤		関係者の対応に不満がある場合、報道機関・議員に通報

※苦情の大半は、住環境などの改善が進めば納得される場合である。
※悪質な苦情は、金銭の要求など、何らかの迷惑料を求めるケースもある。

偽装請負が発生していないか

check **29**

[関係法令等] 民法第632条（請負契約）　労働者派遣法

ここが実務の CHECK・POINT

ミスの防止

ミスの内容	対策
・偽装請負は、契約が締結され、請負契約の履行の経過の中で発生するため、事務的ミスが発生する場面はなく、**偽装請負が発生した時点**で、**違法行為**であることを組織全体に周知させることが必要である。	

不正の防止

不正の内容（原因）	対策
・住民基本台帳、税などの基幹系システムの電算開発委託業務をプロポーザル方式で実施し、開発事業者を選定、開発業務委託契約を締結した。 ・契約の条件には、自治体の管理するサーバーを使用し、サーバー室の入室を可としていた。 ・委託業務が開始され、行政（発注側）の担当者（係長）は、委託業者の SE に対して、日常的に、委託契約書に定めのない業務を指示し、また、開発の進捗状況の報告を求め、勤務時間に対しても、退庁理由等を質問していた。 ・このような指示等が数か月にわたって行われていたが、受注者側の SE からは特に抗議はなかった。 ・このような実態に対して、受注側の責任者（役員）から偽装請負に対しての強い抗議と法的手段を検討していることが明らかにされた。	・この事件の発生原因は、担当係長に、**偽装請負の知識**がなかったことがあげられる。 ・したがって、担当係長は、業務の進捗状況を心配するあまり、受託事業者の SE に指示したもので、**違法行為を働いているという意識**がなかったのである。 ・決裁責任者は、日常的な業務に対して詳細を把握することが難しい場合もあり、数か月にわたった偽装請負の発見が遅れたのである。 ・受注側には、日時を明確にした偽装請負の記録がとられていたこともあり、反論は一切できなかった。 ・この種の事件の防止には、**契約制度の基本を研修で学ぶ機会**を増やすことが、極めて重要であると言える。

◇請負とは、「労働の結果としての仕事の完成を目的とするもの（民法）」であるが、派遣との違いは、発注者と受託者の労働者との間に指揮命令関係が生じないことがポイントである。

◇労働者側から見ると、自分の使用者からではなく、発注者から直接、業務の指示や命令をされるといった場合「偽装請負」である可能性が高いと言える。

◇自治体契約では、特に電算開発業務委託、窓口委託契約で発生する事例があるので、契約の決裁責任者は、委託契約の実態を把握し、偽装請負を防止しなければならない。

●偽装請負の発生プロセス

私の指示に従って仕事をしてくださいね。報告も忘れないように。

職員

？

従業員

指示・命令

請負契約【民法第632条】
請負は、当事者の一方がある仕事を完成することを約し、相手方がその仕事の結果に対しての報酬を支払うことを約することによって、その効力を生ずる。
[説明] 受注側は、仕事を完成させればよく、何人のスタッフを使おうと、どんな原料を使おうと関与されることはない。

自治体（発注者）

請負契約

受注事業者

これが「偽装請負」に該当する。

偽装請負は、労働者派遣法に規定されている許可・届出の手続き（派遣法第5条等）、派遣可能期間（同法第40条の2等）などの規制を潜脱するものとして違法となる。（第58条〜62条に罰則あり）

●偽装請負のパターン

※東京法務局のHPより

代表型	請負と言いながら、発注者が業務の細かい指示を労働者に出したり、出退勤・勤務時間の管理を行ったりしています。偽装請負によく見られるパターンです。
形式だけ責任者型	現場には形式的に責任者を置いていますが、その責任者は、発注者の指示を個々の労働者に伝えるだけで、発注者が指示をしているのと実態は同じです。単純な業務に多いパターンです。
使用者不明型	業者Aが業者Bに仕事を発注し、Bは別の業者Cに請けた仕事をそのまま出します。Cに雇用されている労働者がAの現場に行って、AやBの指示によって仕事をします。一体誰に雇われているのかよく分からないというパターンです。
一人請負型	実態として、業者Aから業者Bで働くように労働者を斡旋します。ところが、Bはその労働者と労働契約は結ばず、個人事業主として請負契約を結び業務の指示、命令をして働かせるというパターンです。

議会の議決が必要な契約、議決を得ないで執行！

　2018（平成 30）年 4 月、K 県 O 町において、議会の議決が必要な物品の購入に関して、議決の手続きを経ないで予算を執行したことが判明した。同年 6 月定例会において「過年度未議決議案」として議会に提案された契約は、過去 10 年間に物品購入 6 件、土地 2 件に上った。また、発注工事 5 件の契約価格変更も報告されていないことも分かった。

　新たに異動した職員が書類を確認した際に 1 件が発覚し、文書保管期限の 10 年分の書類を確認した結果、新たに複数の事例が発覚した。町の直接的な金銭損失は発生しておらず、意図的な処理ではなく過失によるものとされている。6 月定例会において、全ての案件が議決・承認され、条例および手続き上の課題は解消された。一方で、町長と副町長の給与を一定期間減額するとともに、当時の担当部長ら 18 人に戒告の懲戒処分、課長や係長らに訓告や厳重注意処分がされている。

　この事件が新聞に報道され、周辺の自治体は、同様な事例がないか調査した結果、同県 M 町でも同様の案件が多数発覚している。同町の議会だよりの議事によると、未議決議案は、15 件に上る。2009 年 1 件、13 年 2 件、16 年 6 件、17 年 6 件となっており、物品の購入が 6 件、工事請負が 9 件となっている。O 町と同様に 2018 年 6 月議会で未議決議案として議決されている。

　自治令第 121 条の 2（別表第 3・第 4）には、契約に関して、議会の議決が必要な範囲が規定されている。

　契約案件については、特に金額が大きい場合、複数の職員の決裁を必要とする。

区　分		県	政令市	市	町村
工事又は製造の請負		5 億円以上	3 億円以上	1.5 億円以上	0.5 億円以上
動産・不動産、不動産信託の受益権の買入・売払	土地面積	2 万㎡以上	1 万㎡以上	5 千㎡以上	
	金　額	7 千万円以上	4 千万円以上	2 千万円以上	7 百万円以上

二つの町の例は、いずれも事務決裁で見過ごされた「単純な事務的ミス」である。しかし、内容は議会の議決が必要であり、これを無視した予算の執行は、議会の議決権を侵害し議会そのものを軽視した「重大なミス」である。

　この事件は、契約事務フローにおける必要なチェックは何かを考えさせられる事例となった。

第7章

契約による成果物等の確認の場面

check
30

完了検査（納品確認）は適切に行われたか

［関係法令等］ 自治法第 234 条の 2 第 1 項【契約の履行の確保】
自治令第 167 条の 15 第 2 項【監督又は検査の方法】
支払遅延防止法第 5 条
各自治体の契約事務規則等、検査事務規程

ここが実務の CHECK・POINT

ミスの防止

ミスの内容	対策
・工事の竣工届が提出されたにも関わらず、机の引き出しに入れて失念、検査が大幅に遅延した。	・これは、意図的な不正事件ではないが、**重大なミス**である。このことによって事業者に損害が生じた場合は、**大きなトラブル**となる。再発防止に向けては、工事一覧表などによる進行管理の徹底が必要である。

不正の防止

不正の内容（原因）	対策
・工事請負契約の完了検査において、受注者側からの要請を受け、一部の手抜工事を指摘しないで工事検査書を虚偽作成した事例がある。 ・この事例は、見返りを求め、金品の受領と飲食代金を肩代わりさせていた。	・検査を厳格に実施するには、工事内容によっては、**建築・土木技術の専門職による検査員**の複数体制も必要である。 ・自治体職員による検査員の配置が困難な場合は、**検査の外部委託を検討**する。
・物品の納入契約において、発注を繰り返していたが、契約書と納品書を偽造し、業者から実際の納入はないにも関わらず、公金支払いを行い業者の口座に資金をプールしていた。 ・この手口は、「預け金」と称した不正事件として報道された。 ・プールされた資金は、関係者の飲食や急に必要になった物品などに使われていた。 ・この事件は、明らかに公金横領であり、契約制度を悪用した事件であった。	・預け金の手口による不正事件は、納品の確認を決裁責任者が書類だけで行っていたために、発見することができなかった。 ・この種の事件を防止するためには、**物品を目視で確認**することや、**写真を貼付**することで、不正事件の発生リスクを軽減することができる。

ココに注意！　成果物のない委託契約の履行確認は？

　公共施設の清掃委託契約は、具体的な納品物はありません。委託内容の履行確認は、施設の管理責任者が仕様書に基づく仕上がりを確認し検収を行うことが必要です。しかし、実際には、すべての現場の確認は困難ですから、事業者からの日報などによる報告が現実的です。完了後の写真の提出を契約に位置付けるのも一つの方法です。

◇契約書に記載された工期、納期によって、契約業務の履行が完了した場合、契約の相手方から、完了届又は納品書等が提出される。

◇提出された書類により、自治体は、一定の期間内に検査を実施する必要がある。

◇支払遅延防止法には、この検査の期間について、工事の場合は、相手方から工事を完了した旨の通知を受けた日から14日以内、その他の給付は10日以内と定められている。

◇工事の場合は、指定された検査員が現場検査を実施し、検査完了書類を作成する。委託、物品納入などについては、担当課において給付の確認を実施し、実務的には、請求書の裏面に確認印（検収印と呼ぶ自治体もある）を押印するか、契約事務規則等で定められた確認書類を作成する。

◇支出負担行為の決裁責任者は、契約の履行の確認を検査書等によって確認するとともに、必要がある場合は、工事現場の確認、委託業務の成果物の確認、物品の現物確認を行うことが重要である。

●契約の履行確認（検査）の流れ

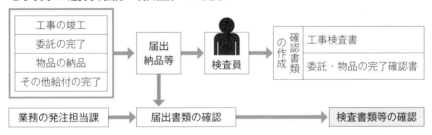

●検査の期限に関するルール

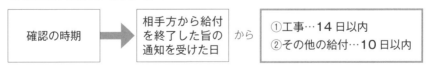

参考条文　支払遅延防止法

（給付の完了の確認又は検査の時期）

第5条　前条第1号の時期は、国が相手方から給付を終了した旨の通知を受けた日から工事については14日、その他の給付については10日以内の日としなければならない。

第14条　この法律（第12条及び前条第2項を除く。）の規定は、地方公共団体のなす契約に準用する。

請求書等の関係書類に間違いはないか

[関係法令等] 各自治体の契約事務規則　財務規則　会計事務規則

ここが実務の CHECK・POINT

ミスの防止

ミスの内容	対策
・物品購入契約を締結し、納品が完了し、請求書を受け取ったが、他の書類にまぎれ込み、支払いが行われなかった。 ・年度が経過してから、事業者からの催促で支出漏れが発見された。	・決裁責任者は、契約書又は請書による発注について、Excel シートにより一元的な進行管理を実施することで、支払漏れを防止できる。 ・この仕組みを財務会計システムに組み入れることで、書類の紛失、支払遅延の防止を図ることができる。

不正の防止

不正の内容（原因）	対策
・日常的に、事業者から提出される請求書の日付は、空欄にすることを求めていた。 ・請求を受けたあと、業務が多忙であったため、支出負担行為、支出命令の経理手続きが遅れ、請求書に1か月後の日付を記入して書類を会計管理者に送付した。 ・事業者から入金が遅いとの問い合わせから事件が発覚した。その結果、事業者から支払遅延損害金の請求が行われた。	・事業者から提出される書類は、日付を空欄にすることをしないよう周知する。 ・事実と異なる日付を意図的に記入した場合、公文書偽造になる可能性があることを認識する。 ・決裁責任者は、一連の書類を時系列に整理し、日付の整合性を確認する。 ・確認にあたっては、日付の順番の整合性及び手続きの遅れを日付で確認する。

ココに注意！ 契約書と請書、請書の省略

　契約書と請書の違いは、契約書は双方が記名（署名）押印（捺印）するのに対して、請書は、受注側だけが記名（署名）押印（捺印）する点に違いがあります。また、契約書を省略できる基準は、各自治体の契約事務規則等で金額等に違いがあります。

　さらに、事務の簡素化から請書の省略を規則で認めている自治体も多く、こちらも認められる金額等に大きな差があります。請書を省略した場合は、必須書類として見積書を位置付けている自治体が多いようです。

◇契約事務は、経理手続きとして「支出負担行為決議書」を作成することになる。これは、自治体の会計事務規則等による経理事務であり、契約が締結された時点で支出負担行為自体は確定する。

◇支出負担行為決議書に添付される書類は、支出負担行為の根拠を示すものであり、内容に誤りがあってはならない。同時に支出命令と一体的な事務処理が行われることから、添付書類を確認する必要がある。

◇支出負担行為の手続きに書類上のミスがあった場合、会計管理者から支払を拒否されることがある。したがって、支出負担行為の決裁責任者は、添付書類を厳格に確認し、事務的ミスの防止、不正の防止を図る必要がある。

◇添付書類として①契約書又は請書（請書の省略の場合は見積書）、設計書、仕様書、見積書、②竣工届、完了届、納品書、③工事検査書、納品確認書類等、④請求書がある。

●自治体契約において作成される書類の種類と確認

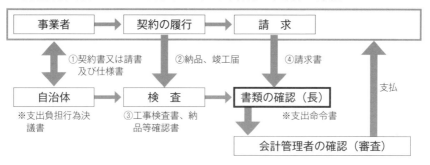

●支出負担行為決議書に添付すべき書類の事例

区分【歳出・節】	支出負担行為として整理する時期	支出負担行為に必要な書類
需用費・役務費・委託料	契約を締結するとき又は請求のあったとき	契約書、見積書、請書、仕様書、請求書、納品等確認書
工事請負費	契約を締結するとき又は請求のあったとき	契約書、請書、見積書、設計書、請求書、工事検査書
原材料費	購入契約を締結するとき又は請求のあったとき	契約書、請書、見積書、仕様書、請求書、納品等確認書
公有財産購入費	購入契約を締結するとき	契約書、請求書、登記確認書
備品購入費	購入契約を締結するとき又は請求のあったとき	契約書、請書、見積書、請求書、納品等確認書

官製談合を副市長が主導し課長も逮捕、組織全体の信頼性は？

2019（平成31）年2月1日、S県I市において、前副市長と都市整備課長が公競売入札妨害容疑で逮捕されるという事件が発生した。市立図書館の設備改修工事で、予定価格を業者に漏洩したものである。3人の逮捕容疑は、共謀して2017年12月に実施された市立図書館設備改修工事の一般競争入札について、前副市長が都市整備課長から聞き出した予定価格を業者に伝え、予定価格に近い金額で落札させ、公正な入札を妨害したとしている。

事件後3人は起訴され、2019年6月26日、第2回公判が地裁で開かれ、前副市長に懲役1年6カ月 執行猶予3年、元都市整備課長に懲役1年 執行猶予3年、業者支店長に懲役1年 執行猶予3年の判決が裁判長から言い渡されている。

公訴事実から、3人の連絡に使われたのは、無料通話アプリケーションソフトLINEであったことが明らかになっている。

市の報告書によると、事件の原因は、退任した前副市長による元都市整備課長への働きかけそのものにあるとされている。市は、庁内に再発防止委員会を設置し、全職員に対する聞き取り調査等を丁寧に行っている。また、第三者委員会による再発防止検討委員会も設置され、報告書も提出されている。

この事件の特徴は、市長の補佐役である副市長が業者への情報漏洩を主導したという点である。副市長は、議会の議決をもって選任され、市長が欠けたときは、市を統括し、市を代表する重要な役職である。この特別職が主導し、部下である職員に圧力をかけた点が特徴であるが、この圧力に負けた課長職は、「元上司で恩もあり、市のためになると考えて行動した」と事件時の心境を公判で語っている。この時点で課長に断固として断る勇気があれば、この事件は成立しなかった。また、副市長を議会に提案した市長の任命責任も求められる。組織全体としてのコンプライアンス及びリスクマネジメント意識の低さが露呈したものと言えるだろう。

市の関係者は、長を先頭に再発防止に真摯に取り組んでいる。しかし、これは、市民から見れば税金の無駄遣いでしかない。なお、I市には「職員の公益通報に関する規程」があるが、通報先の「公益通報対策委員会」の委員長は副市長が担っている。副市長は不正を働かないことを前提にしている制度であるから機能しないことになる。通報先を仮に外部機関（弁護士など）にする仕組みがあったら、この事件は未然に防止できた可能性もある。ちなみに、I市には、政治倫理条例、職員倫理条例は制定されていない。この点も検討課題であろう。

第8章

支出命令の場面

支出命令に伴う書類、決裁、契約の履行確認を行ったか

[関係法令等] 自治法第 232 条の 3【支出負担行為】、第 232 条の 4 第 1 項【支出命令】

ここが実務の CHECK・POINT ●

ミス・不正の防止

不正等の発生と対策
・前章までに記述した不正事件及び事務的ミスの発生は、後日発見されるケースが大半であり、その多くは、**支出負担行為の決裁が行われ、支出命令の決裁が行われた**案件で発生している。 ・さらに、**会計管理者の審査**においても発見できない状況が発生している。 ・当然、公金の支払が完了していることで、事件は、訴訟などにより法的解決を図ることが必要なケースもある。 ・不正事件及び事務的ミスは、**早期に発見し対策を講ずる**ことで、事件の発生による影響を最小限にとどめる必要がある。 ・そのためには、長の権限の最終段階である**支出命令の決裁が重要**であり、支出負担行為が適正に行われているか、必要な書類は整っているか、事務決裁規程による決裁が行われているかを最終確認する必要がある。

支出負担行為に必要な書類が整っているか	・支出負担行為（契約行為）に必要な書類は、契約書（又は請書、見積書）、仕様書（設計書）、納品書、検査確認書、請求書等があり、各自治体の規則に定められている。その書類を確認するとともに、日付の整合性等を確認する。特に随意契約の場合は、その理由も確認する。
支出負担行為に係る決裁が適正に行われているか	・各自治体の事務決裁規程に基づき、**権限のある決裁責任者による決裁**が行われているかを確認する。また、**指定合議先**が定められている場合を見落とさない。
契約内容の履行が確認されているか	・契約に定められた業務の完了を書類で確認する。工事検査書及び委託業務完了届、物品の納品確認について必要な場合は、**現場確認、現物確認**を行う。

参考条文

（支出負担行為）**第 232 条の 3** 普通地方公共団体の支出の原因となるべき契約その他の行為（これを支出負担行為という。）は、法令又は予算の定めるところに従い、これをしなければならない。

（支出の方法）**第 232 条の 4** 会計管理者は、普通地方公共団体の長の政令で定めるところによる命令がなければ、支出をすることができない。

2 会計管理者は、前項の命令を受けた場合においても、**当該支出負担行為が法令又は予算に違反していないこと**及び当該支出負担行為に係る**債務が確定していること**を確認したうえでなければ、支出をすることができない。

◇公金の支払については、長の権限による「支出負担行為」及び「支出命令」の段階による確認が必要となる。この段階で、不正事件の防止及び事務的ミスの防止が図られなければならない。

◇さらに厳格な確認を行うため、自治法の規定によって会計管理者が設置され、会計管理者の審査によって、最終的な公金の支払が行われる仕組みになっている。

◇このような制度は、公金の支出に厳格な二重、三重の確認を設定することによって、自治体の財務管理の適正化を図っているものである。

◇支出負担行為と支出命令は、長の権限であるが、自治法上は異なる権限として規定されている。実務上は、事務の効率化を図るため、支出命令権は、課長職の権限（専決）となっている事例が多い。

◇課長職は、支出負担行為の決裁権と支出命令権をもっているため、財務会計システムなどの運用において、同時決裁に近い運用がなされているケースが多い。

◇あらためて、事務的なミスの防止及び不正の防止の観点から、支出命令の決裁が、長の予算執行段階での最終確認であることを認識し、支出命令段階で必要な確認を行う必要がある。

●支出負担行為と支出命令の流れ

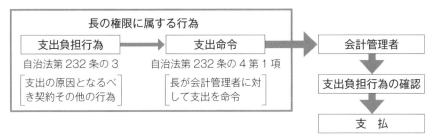

●支出負担行為と支出命令に関わる決裁権の事例

区分	決裁責任者			
	長	副（長）	部長	課長
支出負担行為 （契約に係るもの）の事案	○○円以上	○○円以上	○○円以上	○○円以上
支出命令の事案				○

※支出負担行為に係る決裁は、金額による責任区分が設けられている。
※支出命令の決裁は、課長職による事例（専決）が圧倒的に多い。

最低制限価格を議員に漏洩、職員と議員が逮捕！

　2020（令和2）年6月、東京都F市において、現職の職員、議員2人、業者3人が逮捕されるという官製談合事件が発生した。新型コロナ対策の真っ最中の時期でもあり、現職の議員が複数関係していたことから、周辺自治体にも衝撃が走った。

　職員で逮捕されたのは、都市整備部参事であり、公園拡張整備工事及び道路新設工事に関して秘密事項である最低制限価格を議員に教示したという。

　公園拡張工事の入札は、予定価格1億2,425万7,000円（税抜き、以下同じ）で、最低制限価格1億1,220万4,071円であったが、指名された6者のうち、5者が入札に参加し、市議から価格情報を得たA社が、最低制限価格を9円上回る1億1,220万4,080円で落札した。道路新設工事の入札は、予定価格6,142万9,000円で、最低制限価格5,454万8,952円であったが、指名された7者のうち、5者が入札に参加し、B社を通じて価格情報を得たC社が、最低制限価格と同額で落札していた。この道路はオリンピックに使用されるということで、業者は、他の道路とは異なる位置付けで受注を目指していたという。

　6月24日、市議会本会議には、市長の給料20%、副市長の給料10%を2か月分減額する議案が提出された。また、公競売入札妨害罪で起訴された市議の両被告が市議会に辞職願を提出し、全会一致で許可された。議員提出の「市議会の信頼回復と再発防止に努めることを誓う決議」案も全会一致で可決されている。

　市によると、2件の工事の落札結果が不自然だとして市側の内部調査が始まる直前の2019年9月、逮捕された職員は、副市長に関与を認め、動機について「東京五輪の影響で予定価格内で落札されない工事が多くなっていた。順調に工事を進められるよう市議らに価格を漏らした」と話していることが報道されている。職員が見返りを受けていたかどうかは明らかではない。

　この事件の特徴は、古典的な政官癒着の構図がみてとれる。議員からの執拗な要求（予定価格等の情報提供）があったとも報道され、断れなかった職員の複雑な事情も垣間見ることができる。議会、議員と市の幹部職員との関係、特に今回逮捕された議員は、市長の与党であった。断れなかった何らかの事情があるのかもしれない。しかし、どんな事情があろうとも、情報漏洩は許されるものではない。この事件の反省からは、入札制度の根本的な検証とともに、職員のコンプライアンス意識の向上への取組は不可欠である。さらに、F市には、政治倫理条例及び職員倫理条例のないことも背景の一つにあるように考えられる。

第9章

会計管理者の審査の場面

支出負担行為が法令・予算に基づいてなされているか

check 33

[関係法令等]　自治法第168条、第170条、第171条、第232条の3
　　　　　　　各自治体の会計事務規則　財務規則　契約事務規則等

ここが実務の CHECK・POINT

ミス・不正の防止

不正等の発生と対策	
・事務的なミス及び不正事件の大半は、支出負担行為の手続きの途中で発生している。 ・この事務的なミスや不正を会計管理者の審査でも発見できず、後日、不正等が発覚している事例が多い。 ・会計管理者の審査は、支出負担行為及び予算に関わるので範囲が広く、形式的な審査に陥ることがある。しかし、**効率効果的な審査を実施する**ためには、**特に不正の防止、重大な事務的なミスの観点から、重点的な審査を実施する**必要がある。	
予算に関係する審査ポイント	・予算に計上した業務内容を基本とした執行がなされているか。契約差金等によって、**予算に計上していない業務及び物品購入契約をした場合は、その意思決定文書（起案文書等）を確認する**必要がある。
	・予算計上した場面で想定した契約方法が採用されているか。変更した場合は、合理的な理由が明記されているかを確認する必要がある。
	・**複数年度契約か単年度契約かを確認し、予算が議決されていること**を確認する。さらに、この予算に基づいた契約手続きがなされているかを確認する。特に、**繰越明許費の手続きと予算は慎重に確認する**。
契約手続きに関係するポイント	・入札方法の選択を確認する。**特に随意契約（見積合わせ）については、その理由が明確に表記され、当該自治体のガイドライン等に添っているか**を確認する。
	・具体的な入札方法の手続きに関し、関係例規との整合性を確認する。例えば、プロポーザル方式で総合評価の手法をとった場合、それぞれの**実施要綱とともに公募要項及び選定手続きを確認する**。
	・工期の設定、予定価格の設定、最低制限価格の設定、低入札調査基準額の設定について、その妥当性を確認する。**落札率の確認について、場合によっては担当課のヒアリングも実施する**。
	・長期継続契約の場合は、条例の範囲の事業であるかを確認するとともに、**契約書の解除条項を確認する**。
	・議会の議決が必要な契約かどうかを確認する。
	・契約書の様式の選択に誤りがないか、契約書の各条文の誤りがないかを確認する。**契約書等の書類の記名押印、日付の整合性を確認する**。特に法改正があった場合は慎重に確認する。

◇自治体契約において、契約上の業務が完了した場合、契約に定める契約額を支払うことになる。その際、公金支出の最終確認を行うため、自治体の公金を扱う責任者として会計管理者が設置されている。

◇会計管理者の権限は、長の権限とは独立した職務権限として、自治法に規定されており、長の支出負担行為による支出命令があっても、会計管理者は、その支出負担行為が法令又は予算の定めるところによりなされたものかを確認する責任がある。

◇これを会計管理者の「審査業務」と呼び、契約そのものに違法性がある場合は、その支出命令を拒否できる強い権限が付与されていることになる。したがって、会計管理者及び会計管理者の補助職員（会計課等の職員）には、契約に関わる全体的な知識が求められる。

◇会計管理者の審査業務における契約事務に関しては、不正の防止の観点を重視した対応を図ることが重要である。

●会計管理者の独立した権限

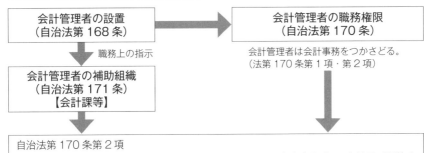

会計管理者の設置
（自治法第168条）

職務上の指示

会計管理者の補助組織
（自治法第171条）
【会計課等】

会計管理者の職務権限
（自治法第170条）

会計管理者は会計事務をつかさどる。
（法第170条第1項・第2項）

自治法第170条第2項
◇現金（現金に代えて納付される証券及び基金に属する現金を含む。）の出納及び保管を行うこと。（第1号）
◇小切手を振り出すこと。（第2号）
◇有価証券（公有財産又は基金に属するものを含む。）の出納及び保管を行うこと。（第3号）
◇物品（基金に属する動産を含む。）の出納及び保管（使用中の物品に係る保管を除く。）を行うこと。（第4号）
◇現金及び財産の記録管理を行うこと。（第5号）
◇**支出負担行為に関する確認を行うこと。（第6号）**
◇決算を調製し、これを普通地方公共団体の長に提出すること。（第7号）

（支出負担行為）
第232条の3　普通地方公共団体の支出の原因となるべき契約その他の行為（これを支出負担行為という。）は、**法令又は予算の定めるところに従い、これをしなければならない。**

契約内容の履行が完了しているか

［関係法令等］　自治法第 170 条、第 232 条の 4 第 2 項、第 232 条の 5
第 1 項　自治令第 163 条、自治規則附則第 3 条第 1 項、
自治規則附則第 3 条第 3 項　各自治体の会計事務規則　財
務規則　契約事務規則等

ここが実務の CHECK・POINT ●

ミス・不正の防止

不正等の発生と対策
・工事請負契約の場合は、**工事検査書を確認**する必要があり、工事検査が検査事務規程及び支払遅延防止法等に照らし合わせ、適正に行われているか確認する。**必要があれば、工事現場を確認する**。 ・物品等の履行確認は、**書類、写真等で確認し、必要な場合は現物を確認する**。

自治法（支出の方法）
第 232 条の 4　会計管理者は、普通地方公共団体の長の政令で定めるところによる命令
がなければ、支出をすることができない。
2　会計管理者は、前項の命令を受けた場合においても、**当該支出負担行為が法令又は予算に違反していないこと及び当該支出負担行為に係る債務が確定していることを確認**したうえでなければ、支出をすることができない。
第 232 条の 5　普通地方公共団体の支出は、**債権者のため**でなければ、これをすることができない。
2　普通地方公共団体の支出は、政令の定めるところにより、資金前渡、概算払、**前金払**、繰替払、隔地払又は口座振替の方法によつてこれをすることができる。

自治令（前金払）
第 163 条　次の各号に掲げる経費については、前金払をすることができる。
一　官公署に対して支払う経費
二　補助金、負担金、交付金及び委託費
三　前金で支払をしなければ契約しがたい請負、買入れ又は借入れに要する経費 ◀
四　土地又は家屋の買収又は収用により（…）家屋又は物件の移転料
五　定期刊行物の代価、（…）電灯電力料及び日本放送協会に対し支払う受信料
六　外国で研究又は調査に従事する者に支払う経費
七　運賃
八　前各号に掲げるもののほか、経費の性質上前金をもつて支払をしなければ事務の取扱いに支障を及ぼすような経費で普通地方公共団体の規則で定めるもの

前払金の額	➡	契約額の 4 割を超えない範囲（自治規則附則第 3 条第 1 項）
中間前払金の額	➡	契約額の 2 割額を超えない範囲（自治規則附則第 3 条第 3 項）

◇支出の原則は、確定払であり、①債務金額の確定、②債務履行期日の到来、③債権者への支払が支出の要件となる。

◇支出の特例として、①資金前渡、②概算払、③前金払、④繰替払、⑤隔地払、⑥口座振替払が認められている。

◇契約制度では、③前金払が関係し、支払方法としては、⑥口座振替払が関係する。特に前払金の支出は、契約書に定める履行が完了する前に、公金を支出するものであるから、書類の確認及び自治令の根拠法令を審査する必要がある。

◇工事請負契約の場合は、契約書に前払金及び中間前払金が明記されるので、これを確認する。

◇それ以外の契約、例えば雑誌の年間契約を一括前払いするケースなどは、その契約条件等を確認する必要がある。

●会計管理者の独立した権限と職務

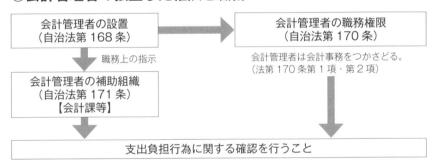

```
┌─────────────────────┐          ┌─────────────────────┐
│ 会計管理者の設置      │ ───────▶ │ 会計管理者の職務権限  │
│ （自治法第 168 条）   │          │ （自治法第 170 条）   │
└─────────────────────┘          └─────────────────────┘
        │ 職務上の指示                会計管理者は会計事務をつかさどる。
        ▼                            （法第 170 条第 1 項・第 2 項）
┌─────────────────────┐
│ 会計管理者の補助組織  │
│ （自治法第 171 条）   │
│ 【会計課等】          │
└─────────────────────┘
        │                                    │
        ▼                                    ▼
┌───────────────────────────────────────────────────┐
│        支出負担行為に関する確認を行うこと            │
└───────────────────────────────────────────────────┘
```

●契約の履行確認と確定払

支出の原則 自治法第 232 条の 4 第 2 項 自治法第 232 条の 5 第 1 項	①債務金額が確定していること
	②債務履行期日が到来していること
	③債権者に支払うこと

◇普通地方公共団体の支出は、政令の定めるところにより、**資金前渡、概算払、前金払、繰替払、隔地払又は口座振替**の方法によってこれをすることができる。

区分（自治令）	①債務金額	②債務履行期日	③債権者
◇資金前渡（令第 161 条）	確　定 未確定	未確定	未確定
◇概算払（令第 162 条）	未確定	未確定	確　定
◇前金払（令第 163 条）	確　定	未確定	確　定

◇繰替払（令第 164 条）　◇隔地払（令第 165 条）　◇口座振替払（令第 165 条の 2）

check 35

権限のある者の決裁が行われているか

［関係法令等］　自治法第 170 条【会計管理者の職務権限】
各自治体の会計事務規則　財務規則　契約事務規則　事務
決裁規程

ここが実務の CHECK・POINT ●・・・・・・・・・・・・・・・・・・・・・・・・・・・・・・・・・・●

ミス・不正の防止

不正等の発生と対策
・契約を巡る不正事件においては、支出負担行為及び支出命令の決裁が行われ、関係書類についても、表面的に整っている場合が多い。 ・**会計管理者の役割は、公金支出の最終確認**であるから、重要な責務が課されていることを認識し、形式的な審査だけではなく、**形式的には見えない不正を発見**できるかどうかが重要である。そのためにも、全国で発生している契約を巡る不正事件の特徴を把握しておくことが必要である。 ・また、支出負担行為等の**決裁責任者が不正事件の当事者**であることも多いので、形式的な決裁印を信用するのではなく、その間に行われた契約手続きを確認する必要もある。 ・したがって、会計管理者及び審査事務を担当する職員は、**自治体の契約制度を熟知**しておく必要がある。

●事務決裁規程における代決のルール【事例】

> （市長等が不在のときの代決）
> 第〇条　市長が不在のときは，副市長が代決をする。
> 2　副市長が不在のときは，所管の部長が代決する。
> 3　部長が不在のときは，次長を置く部においては次長が，次長を置かない部においては部長があらかじめ指定する課長が代決する。
> 4　課長が不在のときは，課長補佐を置く課においては課長補佐が，課長補佐を置かない課においてはあらかじめ指定する係長が代決する。
> （代決できる事案の制限）
> 第〇条　前条の規定により代決できる事案は，至急に処理しなければならないものに限る。
> 2　前項の規定にかかわらず，上司があらかじめ代決してはならないものと指定した事案又は重要若しくは異例に属する事案については，代決することができない。

ココに注意！　議決の必要な契約か？

支出負担行為及び支出命令に関する決裁が適正に行われたケースであっても、議会の議決案件であることを見逃し、予算が執行された事例があります。議決を得ない予算執行は議決権の侵害にあたりますから。

会計管理者の審査では、特に、議会の議決が必要な契約に関しては、チェックが必要ですね。

◇会計管理者は、支出負担行為が適正に行われているかを確認しなければならない。そのため、支出負担行為及び支出命令が、事務決裁規程に基づく決裁責任者の決裁であるかを確認する必要がある。

◇支出負担行為の決裁は、金額の区分による決裁となっている。

◇決裁漏れの事例に、指定合議先の決裁があるので、事務決裁規程を確認しておく必要がある。

◇支出命令の決裁責任者は、課長職の専決となっている自治体が多い。

◇決裁の基本ルールは、事務決裁規程に従い、単なる上司の決裁は、権限がなく、代決の場合も当該自治体の代決規定に従うこととなる。

●事務決裁規程の一般的な事例

区分		長	副（長）	部長	課長	指定合議先
契約に係る事案	1. 物品、賃貸、委託等	○○円以上	○○円以上	○○円以上	○○円以上	●●課長
	2. 工事請負	○○円以上	○○円以上	○○円以上	○○円以上	●●課長
	3. 不動産売買	○○円以上	○○円以上	○○円以上	○○円以上	●●課長
	以下省略	○円以上	○円以上	○円以上	○円以上	
支出負担行為の事案		○円以上	○円以上	○円以上	○円以上	
支出命令の事案					○	

●決裁の基本ルール

事務決裁規程の区分による決裁【決裁権限者】 → 上司の決裁 → 権限がないので決裁は無効

→ 代決の決裁 → 代決の規則に沿っていれば有効

●議会の議決が必要な契約

区分【自治令第 121 条の 2】		県	政令市	市	町村
【第 1 項】別表第三　工事又は製造の請負		5 億円以上	3 億円以上	1.5 億円以上	0.5 億円以上
【第 2 項】別表第四　不動産・動産・不動産の信託の受益権の買入れ、売払い	土地面積	2 万㎡以上	1 万㎡以上	5 千㎡以上	
	金額	7 千万円以上	4 千万円以上	2 千万円以上	7 百万円以上

支払遅延防止法に抵触しないか

[関係法令等] 自治法第 170 条【会計管理者の職務権限】支払遅延防止法
各自治体の会計事務規則　財務規則　契約事務規則

ここが実務の CHECK・POINT

ミス・不正の防止

不正等の発生と対策
・契約に関する支出ではないが、職員の給与から天引きした所得税の支払期限を遅延させ、延滞金を請求された事例がある。 ・この事件は、最終的に、納期限の期日管理を怠ったとして、職員の賠償責任が問われた。つまり事務的なミスにより発生した債務（延滞金等）は、公金から支出するのではなく、職員が負担しなければならないことになったわけである。 ・契約に関わる支出についても同様の考え方ができる。 ・仮に遅延利息が発生し、これを公金で支払うことになったとすれば、その原因を生じさせた職員に損害賠償義務が発生することになる。 ・その防止策の実務的な対応として、工事の竣工届、委託の完了届、請求書などの日付を空欄で提出させることはしてはならない。この日付が遅延利息の計算の起算日になるからである。 ・さらに、具体的な仕事の管理の面から、手続き上必要な期日管理を行うことがミスの発生防止につながる。 ・財務会計制度を電算システム化している場合は、システム上で支払遅延防止対策を講じておく必要もある。

◉期限を超えた場合には遅延利息が発生 !!

▶契約金額×利率×遅延日数 ＝ 遅延利息 （100 未満は切り捨て）

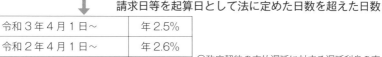

請求日等を起算日として法に定めた日数を超えた日数

令和 3 年 4 月 1 日〜	年 2.5%
令和 2 年 4 月 1 日〜	年 2.6%
平成 29 年 4 月 2 日〜	年 2.7%

○政府契約の支払遅延に対する遅延利息の率
（昭和 24 年 12 月 12 日大蔵省告示第 991 号）

※仮に、1 億円の支払いを 20 日間遅延した場合
1 億円× 0.025 × 20/365 ＝ 136,986 円　→　136,900 円となる。

◇会計管理者は、審査の段階において、検査が適正に行われているかを確認する。検査は支払遅延防止法の規定により、完了届等の提出から、工事については14日以内、その他の給付については、10日以内に行う必要がある。

◇工事請負契約の検査は、検査員の作成した検査書、委託契約及び物品等については、検査又は検収の権限のある職員の作成した書類（請求者の裏面に確認印を押印する場合もある）をもとに行われる。

◇検査の遅れは、その後の請求の遅れ、実際の支払いの遅れにつながることに留意する必要がある。

◇次に、会計管理者の審査においては、審査を迅速に行う必要がある。その後の支払手続きに影響を与えるからである。

◇会計管理者は、実際の支払日を決定する場合、ある程度まとめて口座振込の手続き等を行うため、その中に支払遅延になるような支出案件がないことを確認する必要がある。

●支払遅延防止に関する会計管理者の責務

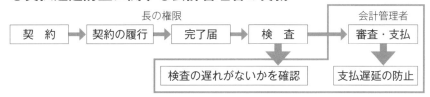

●検査に関するルール

●支払遅延に関するルール

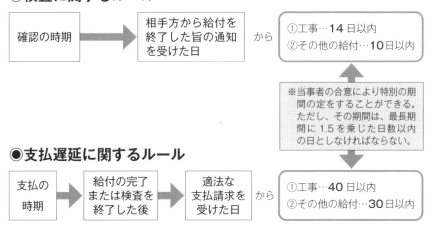

同一業者からの継続した働きかけ、係長二人が連続して逮捕！

　2019（令和元）年9月13日、H県A市の建設課土木係長（X）が加重収賄や官製談合防止法違反などの疑いで逮捕された。1か月後の10月24日、今度は、下水道課工務係長（Y）が官製談合防止法違反などの疑いで逮捕されるという事件が発生した。贈賄側は9月の事件と同じB社社長である。

　元建設課土木係長（X）は、市管理の道路・橋梁・溝渠の新設改良、維持管理等の職務に従事していた。市が2017年12月8日に入札を執行した「○○橋梁修繕工事」の一般競争入札、同年3月22日に入札を執行した「○○○橋梁修繕（その2）工事」及び同 年9月6日に入札を執行した「○○○道路改良工事」の総合評価落札方式による条件付き一般競争入札に関し、贈賄側業者元社長（B）に対し、同工事の設計金額等を教えて、同社に同工事を落札させた。

　入札情報を漏らした見返りとして、同社元社長から現金合計30万円を受け取ったものである。係長が着任した2016年以降、3年連続5件を贈賄側業者が落札していたという。15年以前に比べて急激に増えている事実も確認されている。市職員は建設課土木係長に就く前は、下水道や区画整理などの部署で勤務しており、B社の社長とは少なくとも約20年前から知り合いとみられている。

　元下水道課工務係長（Y）は、市内の下水道施設等の設計監督、維持管理等の職務に従事していたが、市が2017年11月1日に入札を執行した「○○雨水渠整備工事」の総合評価落札方式による条件付き一般競争入札に関して、贈賄側業者元社長（B）に対し、同工事の設計金額等を教えて、同社に同工事を落札させた。

　入札情報を漏らした見返りとして、同社元社長から現金10万円を受け取ったものである。

　この事件の特徴は、贈賄側の業者から、特定の職員に対して継続した働きかけがあったことである。贈賄側業者元社長（B）は、職員と親密な関係を構築する中で、いつの間にか贈答品を贈る関係や飲食を共にする関係となった。職員は、情報提供の要請を受けた時には、断れない状況が生まれていた。

　A市には「職員に対する働き掛けの取扱いに関する要綱」があるが、これは機能していなかった。再発防止に向けては、日常的な職員のコンプライアンス意識の向上とともに、公益通報の仕組み、抑止力としての職員倫理条例の制定などが検討課題になろう。

第10章 決算の確認の場面

第10章check37〜check41は、監査委員の決算監査及び議会の決算審査（認定）を意識したチェックポイントである。

契約は議決の範囲で行われているか

［関係法令等］　自治法第 96 条第 1 項【議会の議決】第 3 号、第 5 号、第 8 号
自治令第 121 条の 2　各自治体の条例
自治法第 199 条【監査委員の監査】

ここが実務の CHECK・POINT ●

ミス・不正の防止

不正等の発生と対策
・議会は、①予算の議決、②決算の認定の権限をもっている。 ・予算の議決にあたっては、契約行為の手続き、特に契約手法、契約内容（仕様）の確認を行う。この予算議決時の説明内容と実際の契約実績と照らし合わせ、決算審査を実施することになる。 ・議会の決算審査は、詳細な事務執行を審査するには限界があるため、自治法に定められた書類である①決算書、②主要施策の成果、③監査委員の意見書をもとに決算審査を行う。主に、予算執行の妥当性と政策効果の観点からの審査となる。 ・監査委員の監査は、①財務監査と②行政監査がある。予算の執行が適法に行われ、政策効果が発生しているかどうかがポイントとなるが、特に契約事務に関して、重大な事務的ミスの防止、不正の防止の観点からは、決算審査だけではなく、1 年間を通して個別監査を実施することが、不正事件の抑止力となる。 ・監査委員は、契約事務を巡る不正事件の事例を把握し、重点的な監査を実施することで不正事件発生の抑止力となる。

●監査委員の監査の場面

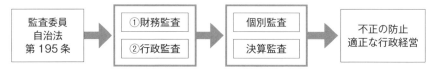

参考条文

自治法第 199 条　監査委員は、普通地方公共団体の**財務に関する事務の執行**及び普通地方公共団体の経営に係る事業の管理を監査する。
3　監査委員は、第 1 項又は前項の規定による監査をするに当たつては、当該普通地方公共団体の財務に関する事務の執行及び当該普通地方公共団体の経営に係る事業の管理又は同項に規定する事務の執行が**第 2 条第 14 項及び第 15 項の規定の趣旨**にのつとつてなされているかどうかについて、特に、意を用いなければならない。
自治法第 2 条
14　地方公共団体は、その事務を処理するに当つては、**住民の福祉の増進に努めるとともに、最少の経費で最大の効果を挙げる**ようにしなければならない。
15　地方公共団体は、**常にその組織及び運営の合理化**に努めるとともに、他の地方公共団体に協力を求めて**その規模の適正化**を図らなければならない。

◇契約は、議決された予算の範囲内で締結されなければならない。さらに契約議決案件として議会の議決が必要な契約がある。

◇監査委員は、自治体の財務に関する事務の執行【財務監査】及び経営に係る事業の管理【行政監査】を監査する権限と責務がある。

◇この観点から、監査委員及び議会は、長の執行した契約を審査する必要がある。特に、議会の議決権を侵害するような予算執行は厳格にチェックする必要がある。

●議会の議決が必要な場面

▶契約に関係する予算

区　分	種　類	根拠規定（自治法）
単年度契約	歳入歳出予算	第210条・第216条
複数年度契約	継続費	第212条
	債務負担行為	第214条
	繰越明許費	第213条

▶条例による「議会の議決が必要な契約等」

自治法第96条第1項	→	契約の締結（自治令第121条の2第1項）	→	自治体の条例
		財産の取得及び処分（自治令第121条の2第2項）		

5号	その種類及び金額について政令で定める基準に従い条例で定める契約を締結すること。
8号	前二号に定めるものを除くほか、その種類及び金額について政令で定める基準に従い条例で定める財産の取得又は処分をすること。

区分【自治令第121条の2】		県	政令市	市	町村
【第1項】別表第三　工事又は製造の請負		5億円以上	3億円以上	1.5億円以上	0.5億円以上
【第2項】別表第四　不動産・動産・不動産の信託の受益権の買入れ、売払い	土地面積	2万㎡以上	1万㎡以上	5千㎡以上	
	金額	7千万円以上	4千万円以上	2千万円以上	7百万円以上

▶議会の決算認定

自治法第96条第1項	→	3号	決算を認定すること	←	議会の決算審査

※契約に基づく予算執行は決算としてまとめられ、最終的には議会の決算認定を受ける。

契約関係の書類に計数的な間違いはないか

[関係法令等] 自治法第 96 条第 1 項第 3 号【議会の決算認定】
自治法第 199 条【監査委員の職務権限】

ここが実務の CHECK・POINT ・・・・・・・・・・・・・・・・・・・・・・・・・・・・・・・・・・・・●

ミス・不正の防止

不正等の発生と対策
・各書類の計数的な整合性（計数の一致、計数の範囲内等）は、人間の目では見過ごされるリスクがある。 ・したがって、この種のミスを防止するためには、**契約事務、財務会計事務のシステム化**を図るべきである。 ・システム化にあたっては、事務的ミスの防止及び不正の防止の観点が重要となる。 ・さらに、システムが縦割りにならないよう、**電子決裁など自治体内部の事務全体の調整**も必要となる。 ・保存文書については、紙ベースの保存には限界があるとともに、検索が困難な場合もあるため、**電磁的記録による保存を基本**とすべきであろう。 ・予算編成から予算執行まで、そして決算とともに評価参考資料などが、正確、迅速に作成されることが、**自治体経営の基軸**にならなければならない。 ・具体的な事例として、**電子資格審査及び電子入札は多くの自治体で実施されている**が、電子契約の実施例は、今のところ皆無である。 ・今後、電子契約が実現できれば、契約システム全体の整合性を図る取組みによって、事務的ミスの防止及び不正の防止に向けた**大きな改善につながる可能性**がある。

●電磁的記録の定義の事例

電磁的記録は、民事訴訟法 3 条の 7 第 3 項カッコ書きで「電子的方式、磁気的方式その他人の知覚によっては認識することができない方式で作られる記録であって、電子計算機による情報処理の用に供されるもの」と定義されている。

（自治体での事例）
（1）磁気テープ（リール式、カートリッジ式等のもので、DAT を含むものとする）
（2）磁気ディスク（フロッピーディスク、ハードディスク等をいう）
（3）録音テープ（カセットテープ等をいう）
（4）録画テープ（ビデオテープ等をいう）
（5）光ディスク（CD—ROM、DVD—ROM 等をいう）
（6）光磁気ディスク（MO 等をいう）
（7）フラッシュメモリ（メモリーカード、スマートメディア、SD カード、メモリースティック等をいう）

....●

◇自治体経営は、まちの将来像などの計画等に基づき、毎年度、予算を策定し、予算を執行し、決算をまとめ、その内容を評価している。

◇そして、評価結果を計画等及び予算に反映させる「PDCA」サイクルが構築されている。

◇それぞれの段階では、多くの書類が作成されるが、これはすべて公文書扱いとなり、自治体の文書管理規程等によって保存年限が設定され保管される。

◇作成された書類は、それぞれの段階の自治体の意思決定を証明するものであるから、仮に不正事件が発生した場合の検証には欠かせないものである。

◇予算の執行段階の実務は、大半が契約事務手続きとなり、この段階で作成された書類は、その内容とともに、各段階で作成された計数との整合性が図られていなければならない。

●自治体の財務会計制度と PDCA サイクル

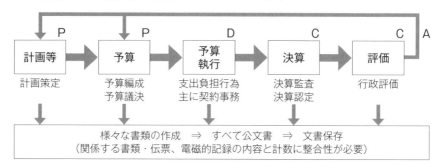

●契約関係書類計数等の整合性

事務プロセス	主な書類・伝票
①予算編成	予算要求書、予算積算書、事業者から徴した参考見積書
②契約の発注準備	契約締結伺書、設計書及び予定価格設定書等
③競争入札手続き	入札書（事業者）、入札調書
④契約締結	契約書、請書、見積書
⑤契約内容の履行確認	納品書、完了届出書、検査書、請求書、振込依頼書
⑥支出負担行為整理	支出負担行為決議書、契約書、設計書、検査書、請求書等
⑦支出命令	支出命令書、⑥の書類
⑧支払	⑥及び⑦の書類、支払済書（口座振込等）

check 39 契約手続きが適正に行われたか

[関係法令等] 　自治法第 96 条第 1 項第 3 号【議会の決算認定】
　　　　　　　　 自治法第 199 条【監査委員の職務権限】

ここが実務の CHECK・POINT ．．．．．．．．．．．．．．．．．．．．．．．．．．

ミス・不正の防止

不正等の発生と対策
・不正事件の手口に「**預け金**」問題があった。架空の物品納入を伝票操作し、公金の支払を完了させ、業者の口座に資金をプールしていたものである。 ・この事件が発覚した時の新聞記事では、この事件の発生原因は、自治法第 170 条【会計管理者の職務権限】のうち、「物品の出納及び保管」が適正に運用されていなかったと指摘していた。会計管理者が物品の納入を確認し、発注した担当課に物品を払出ししていれば、不正が防止できたはずだというのである。 ・自治法の解釈からすれば、この指摘は正しい指摘である。しかし、自治体の実務実態は、このような事務プロセスをとらず、発注した担当課に業者は物品を納入し、担当課が納入の確認を行うことで、事務の効率化を図ってきた。 ・この事件は、**事務の効率化が不正事件発生の「スキマ」を作る可能性**を高めた事例と言える。 ・自治体の業務は、法令等に従って執行されなければならないが、時として実務とのズレが生ずることがある。 ・その際の留意点は、効率化を図った事務プロセスに、**事務的ミスや不正事件の発生する「スキマ」**が生じていないか検証することである。 ・自治体の監査機能は、財務監査と行政監査である。これを踏まえ、不正の防止は自治体監査機能の重要な部分であることを認識すべきであろう。

●不正事件発覚のプロセス

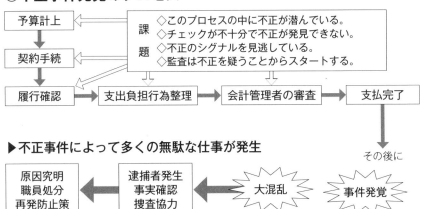

▶不正事件によって多くの無駄な仕事が発生

◇契約手続きは、自治法、自治令の規定を基本に、各自治体の財務規則（契約事務規則）、及び各制度別の実施要綱等に従って行われる。

◇事務的なミス及び不正事件の多くは、これらのルールを無視したもので、それぞれの段階で決裁責任者が発見できなかった結果として事件は発生している。

◇不正事件の発覚する情報源は、主に警察情報であり明らかではないが、事後に発覚しているケースが多い。これは、契約手続きにおける決裁責任者のチェックとともに、個別監査、決算監査の段階でも発見されず、その後、警察等への通報や情報提供がきっかけとなって事件が表面化していることになる。

◇事件の中には、監査を含め行政内部のチェックで発見できたと思われる事例及び不正防止対策がとられていれば、事件の発生を未然に防止できた事例が多い。

◇監査及び議会の決算審査は、事務的ミス及び不正事件の事後的な発見だけではなく、事務的ミス及び不正事件の発生しない事務執行体制をチェックする役割が重要といえる。

●不正防止の観点から見た契約手続上のチェックポイント

事務プロセス	不正の防止の観点からのチェック項目
①予算編成	・随意契約（見積合わせ）で実施された契約の予算計上において、事業者から徴した見積書は、特定事業者に偏っていないか、また、参考見積書と予算計上額の関係をチェックする。
②契約の発注準備 ③競争入札手続き ④契約締結	・予定価格、最低制限価格、低入札価格調査基準価格の設定方法、担当者、知りうる職員の範囲をチェックする。 ・一般競争入札において、参加資格制限がルールに沿っているか、恣意的に決定されていないかチェックする。 ・指名競争入札において、指名がルールに沿っているか、恣意的な指名が行われていないか、指名業者選定委員会等の運営状況を議事録などにより確認する。 ・随意契約（見積合わせ）については、随意契約の理由を厳格に確認する。同時に組織全体の随意契約の一覧表を作成し、予算額の分割、同一事業者の契約実績等をチェックする。一覧表は、HPなどで公開する。 ・さらに随意契約は、過去数年間の年度別実績を同様の観点からチェックする。
⑤契約内容の履行確認	・検査書等の書類を確認するとともに、物品（消耗品・備品）は必要に応じて現物を確認する。 ・備品管理表との整合性、消耗品の在庫調査なども検討する。
⑥支出負担行為整理 ⑦支出命令	・全体的な書類の整合性（日付など）をチェックする。

競争性・透明性・経済性が確保されているか

check 40

[関係法令等] 自治法第 96 条第 1 項第 3 号【議会の決算認定】
自治法第 199 条【監査委員の職務権限】

ここが実務の CHECK・POINT

ミス・不正の防止

不正等の発生と対策
・行政全体に**透明性**が求められている。 ・行政の透明性を図ることは、**組織全体のコンプライアンスの確保**につながり、特に過去の契約事件をめぐる不正事件は、組織全体のコンプライアンスの欠如が大きな原因となっている。 ・コンプライアンスの確保は、法令順守だけではなく、**業務を通して成果を上げること**である。 ・自治体経営において、業務の成果を上げるためには、契約制度の運用が深くかかわってくる。予算を執行するためには、その第一段階で支出負担行為（契約事務が大半を占める）を行うからである。 ・この段階で、行政活動全体のコンプライアンスの確保が求められる。 ・言い換えれば、**コンプライアンスの確保**は、**行政の透明性を図ることを基本**にして、**不正を防止し、事務的ミスを発生させないなど、行政の効率性を高める**ことで、市民にとって必要な成果を上げることである。

●コンプライアンスの欠如が不正事件等の発生原因

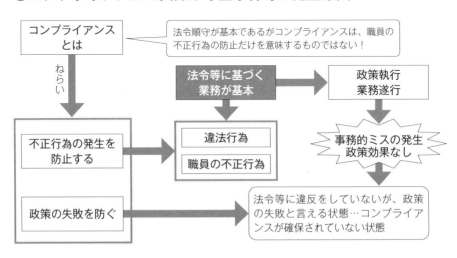

◇自治体契約は、競争性を前提に、そのプロセスの透明性、結果として
の経済性が確保されていなければならない。

◇また、契約手続きを進めるにあたっては、契約の相手方との関係で、
公平性が確保され、全体としてのコンプライアンスが確保されていな
ければならない。

◇契約制度を巡る過去の不正事件は、契約制度の運用上の問題だけでな
く、職員の意識及び組織全体のコンプライアンス意識の欠如が原因と
思われる事例が多い。このような自治体では、不正事件が繰り返し発
生し、重大な事務的ミスも発生している傾向にある。

◇このような事件等の発生原因を解明し、透明性のある行政経営が行わ
れているかどうか、これが監査制度の「行政監査」の視点でもある。

●不正防止の観点から見た「競争性・透明性・経済性」等

区分	考え方とチェックポイント
競争性	・契約に係る自治法の規定は、競争性を前提としている。そのため、一般競争入札が原則規定になっている。したがって、指名競争入札、随意契約は、例外制度であることを認識することが重要である。 ・契約上の競争性は、事業実績のある適格な事業者の参加の上で確保されなければならない。
透明性	・行政全体の意思決定プロセスの透明性を前提に、契約制度の運用についても、それぞれの段階で透明性を意識した制度運用でなければならない。 ・透明性の確保は、公開すべき情報と非公開情報を明確に区分し、非公開情報の厳格な管理が前提とならなければならない。
経済性	・適正な競争が行われることによって、公金の使途に関わる経済性が確保できる。 ・経済性は、「安かろう悪かろう」ではなく、将来のライフサイクルコスト等に配慮されたものでなければならない。 ・経済性を追求するあまり、安全性、下請へのしわ寄せが発生しない配慮が必要である。
公平性	・適正な競争性を確保するためには、恣意的な参加資格、恣意的な指名が行われないようなチェック体制が必要である。 ・特に随意契約（見積合わせ）において、特定の事業者と契約する事件が発生していることから、参加事業者に公平な競争の機会を提供することが必要である。
公正性	・契約制度全体の運用に関しては、自治法、自治令、条例、規則、要綱等に基づき執行されることが必要で、これらのルールを悪用しないことが公正性の確保につながる。 ・さらに、これらのルールを制定、改廃するときにも社会的に認知されているルール等を前提にすることが求められる。

想定した政策効果が生じているか

［関係法令等］　自治法第 96 条第 1 項第 3 号【議会の決算認定】
　　　　　　　　自治法第 199 条【監査委員の職務権限】

ここが実務の CHECK・POINT

ミス・不正の防止

不正等の発生と対策
・予算の執行過程において、**組織全体のコンプライアンス**が確保されているかどうかが重要となる。 ・コンプライアンスの確保は、①**不正事件を発生させない**、②**事務的ミスを発生させない**、③**予算で想定した政策効果が生じ、政策の失敗を発生させない**ことである。 ・コンプライアンスの確保は、市民から信頼される自治体を目指すことであり、職員ひとり一人が、その必要性を認識する必要がある。これが組織運営の基本とならなければならない。 ・まれに、**不正事件等を隠蔽**する事例が発生するが、これは組織マネジメントの欠如につながり市民からの信頼性を大きく損なうことになる。 ・コンプライアンスは、確保するとともに、維持継続させなければならない。 ・そのためのキーワードは「立場を超えて」「全員で」「本気で」「継続して」である。 ・契約制度及び決算時の契約実績に関し、議会及び監査の視点からは、組織全体のコンプライアンスの確保の視点が特に重要であると考えられる。 ・そのためにも、**自治体全体のコンプライアンスの確保体制**を確認する必要がある。

●政策効果を上げ、コンプライアンスを確保するための視点

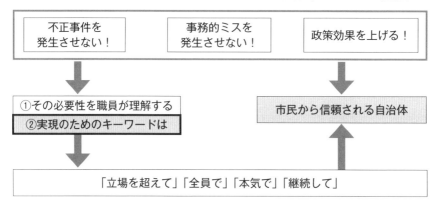

◇自治体は、市民からの納税を中心とした財源を基に予算編成を行う。予算計上する事業は、市民にとって福祉の向上となる政策効果を期待したもので、行政評価の視点では、「事前評価」といえる。

◇議会は、提案された予算を政策効果の視点から確認し、議決する。

◇したがって、予算執行の結果としてまとめられる決算においては、予算議決の前提となった政策効果が生じているかを確認する責務がある。この場面が議会の決算審査であり、決算認定である。

◇監査委員は、財務監査と行政監査の機能を有している。

◇行政監査は、自治法上「普通地方公共団体の経営に係る事業の管理を監査する」とされ、表現を変えれば、予算に計上した政策効果が生じているかを市民の視点から監査するもので、行政評価の視点では「事後評価」と位置付けられる。

◇監査委員は、年間を通じて必要があれば、個別監査ができる。特に契約制度を重点的に監査することが、行政監査にもつながり、政策効果の確認にもつながる。

◇議会及び監査委員が行う決算審査、決算監査は、長の執行した予算が、自治法第2条第14項に規定される「住民の福祉の増進に努めるとともに、最少の経費で最大の効果を挙げる」こと及び第15項に定める「常にその組織及び運営の合理化に努める」ことの規定に照らし合わせた視点を持つことが必要である。

●政策効果を確認するための視点

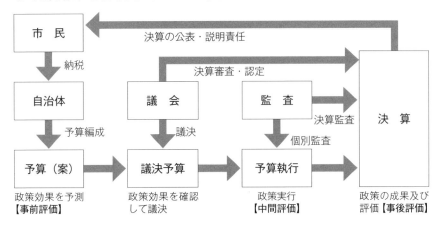

予定価格を上回る入札にも関わらず勘違いで落札者を宣言！

　2019（令和元）年11月、K県A市において、予定価格を上回る入札に対して、契約担当者が落札者を宣言するという事件が発生した。

　契約案件は、債務負担行為を設定した2か年事業であり、予定価格は2年間で、16,900千円であった。3者を指名し、1者は辞退、2者での指名競争入札となった。実際の入札額は、9,340千円であったが、事業者は1年分の委託料として9,340千円を提示したものであった。契約担当者は、これを2か年分と勘違いし、予定価格の範囲であったため落札事業者を宣言したものであった。実際には「9,340千円×2か年＝18,680千円」で、予定価格を1,780千円上回るものであった。入札が終了した後に間違いに気付いたが、すでに入札に参加した事業者は解散していた。

　この事件の特徴は、契約担当者に悪意はなく、意図的に落札者を宣言したものでもなく、単純な数字（入札額）の比較を勘違いしたものであった。その原因は、入札書の様式にあったようだ。入札書に1年分の金額と2か年分の金額が記入されていれば、勘違いは起きなかったと考えられる。

　この事件は、単純な事務的ミスであるが、間違いの修正は単純にはいかないことになる。契約担当者の落札宣言は、自治体の意思として落札者との間で、入札額と契約を締結するという意思表示だからである。まして、落札者だけでなく、入札参加事業者への対応も必要になるから、単純ミスで事務の修正はできないこととなる。実際、この件では、2者に対して、謝罪と説明を丁寧に行い、理解を得たうえで、再度入札を実施したようだ。再度入札で落札者が決定しなかったため、2回目の再度入札では1者が辞退し入札は中止となった。

　その後、事業の特性等から、特命随意契約として契約は成立することになり、指名業者との間でトラブルに発展せず、事なきを得たが、修正に多くの時間を費やしたことになる。

　この種の【事務的なミス】は、業務の多忙と複雑化の中で、多くの自治体で発生している現状がある。ミスの中でも、重大なミスや深刻なミスの防止対策も重要になっている。発生したミスは、直接の担当者を責めるだけでは解決できない。組織としてとらえ、再度の発生防止の具体策を講ずることが重要になる。そのためにも、契約事務全体の点検と見直しが必要になるだろう。

●自治体の汚職事件の統計

1. 関係職員数

年	都道府県	市町村	公社等	合計
2011	21	108	1	130
12	24	81	0	105
13	32	80	0	112
14	28	76	0	104
15	19	64	0	83
16	17	61	0	78
17	16	60	0	76
18	20	80	0	100

2. 種類別内訳

年	横領	収賄	詐欺	その他	合計
2011	100	20	5	5	130
12	83	12	7	3	105
13	85	15	6	6	112
14	72	16	6	10	104
15	60	14	3	6	83
16	55	13	2	8	78
17	45	15	1	15	76
18	53	18	4	25	100

3. 関係職員の内訳

年	特別職			一般職	合計
	首長	議員	その他		
2011	0	1	4	125	130
12	0	0	8	97	105
13	1	0	1	110	112
14	2	0	2	100	104
15	1	0	2	80	83
16	0	1	2	75	78
17	3	1	4	68	76
18	4	0	3	93	100

4. 態様別内訳

年	公金取扱等	土木建築工事の執行	税の賦課徴収	その他	合計
2011	62	18	14	36	130
12	66	11	6	22	105
13	75	13	6	18	112
14	60	15	4	25	104
15	46	5	5	27	83
16	43	5	6	24	78
17	37	15	4	20	76
18	41	16	2	41	100

5. 汚職事件発生の背景

※複数回答

(年)	2011	12	13	14	15	16	17	18
①組織制度上の問題	246	189	199	190	124	168	115	181
内訳 (1) 監督不十分	108	79	88	80	52	59	45	68
内訳 (2) 特定職員への権限の集中	53	41	41	41	30	47	25	39
内訳 (3) 制度及び制度運用上の問題	53	36	39	39	19	28	24	39
内訳 (4) 人事の停滞	32	33	31	30	23	34	21	35
②職務執行上の問題	234	194	224	185	126	158	122	168
内訳 (1) 業務チェックの不備	119	102	117	98	64	87	66	85
内訳 (2) 会計管理の不備	83	68	80	59	42	45	40	58
内訳 (3) 公印等の管理の不備	32	24	27	28	20	26	16	25
③職員としての資質の問題	200	141	182	174	109	130	109	134
内訳 (1) 資質の欠如	173	122	158	154	97	110	88	112
内訳 (2) 業者との癒着	27	19	24	20	12	20	21	22
④外部的要因による問題	15	0	3	5	5	13	8	14
内訳 (1) 業者の競争	12	0	2	5	1	6	5	8
内訳 (2) 社会的な要因	3	0	1	0	4	7	3	6
⑤その他	36	41	33	48	22	30	28	47

6. 汚職事件発生防止のための措置

※年度別数値は省略

法令・規程の整備	◇服務関係規定の整備　◇事務分掌・決裁規程の整備 ◇審査・管理機関の設置
人事配置、任用上の改善	◇人事の刷新　◇許認可、工事関係職員等の適時、計画的配転
事務執行方法の改善	◇要員の充実　◇事務点検、調査の実施 ◇チェックシステムの整備強化
服務管理の整備強化	◇会計事務の改善　◇通達の発出　◇相互注意の喚起 ◇訓示

【出所】1～6の資料は総務省のHPに公開されている資料を加工・編集したものである。

◉官製談合とは

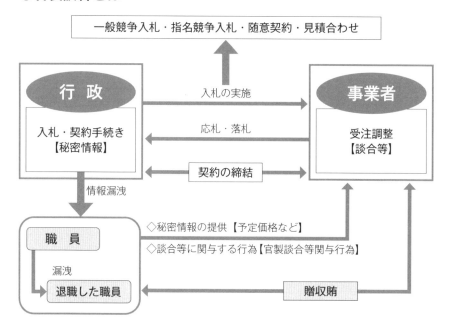

一般競争入札・指名競争入札・随意契約・見積合わせ

行 政

入札・契約手続き
【秘密情報】

入札の実施

応札・落札

契約の締結

事業者

受注調整
【談合等】

情報漏洩

職 員

漏洩

退職した職員

◇秘密情報の提供【予定価格など】

◇談合等に関与する行為【官製談合等関与行為】

贈収賄

◉入札等に関わる禁止行為

入札談合等関与行為の排除及び防止並びに職員による入札等の公正を害すべき
行為の処罰に関する法律（平成 14 年法律第 101 号）【官製談合防止法】

▶事業者の禁止事項（入札談合等）は第 2 条第 4 項に定義がある

国等が入札、競り売りその他競争により相手方を選定する方法（以下「入札等」という。）
により行う売買、貸借、請負その他の契約の締結に関し、当該入札に参加しようとする事業
者が他の事業者と共同して落札すべき者若しくは落札すべき価格を決定し、又は事業者団体
が当該入札に参加しようとする事業者に当該行為を行わせること等により、<u>私的独占の禁止
及び公正取引の確保に関する法律第 3 条又は第 8 条第 1 号の規定</u>に違反する行為をいう。

（私的独占又は不当な取引制限の禁止）
第 3 条 事業者は、私的独占又は不当な取引制限をしてはならない。

（事業者団体の禁止行為）
第 8 条 事業者団体は、次の各号のいずれかに該当する行為をしてはならない。
 1 一定の取引分野における競争を実質的に制限すること。

▶職員の禁止事項（入札談合等関与行為）は第2条第5項に定義がある

1	事業者又は事業者団体に入札談合等を行わせること。
2	契約の相手方となるべき者をあらかじめ指名することその他特定の者を契約の相手方となるべき者として希望する旨の意向をあらかじめ教示し、又は示唆すること。
3	入札又は契約に関する情報のうち特定の事業者又は事業者団体が知ることによりこれらの者が入札談合等を行うことが容易となる情報であって秘密として管理されているものを、特定の者に対して教示し、又は示唆すること。
4	特定の入札談合等に関し、事業者、事業者団体その他の者の明示若しくは黙示の依頼を受け、又はこれらの者に自ら働きかけ、かつ、当該入札談合等を容易にする目的で、職務に反し、入札に参加する者として特定の者を指名し、又はその他の方法により、入札談合等を幇助すること。

▶罰則（職員による入札等の妨害）第8条

職員が、その所属する国等が入札等により行う売買、貸借、請負その他の契約の締結に関し、その職務に反し、

○事業者その他の者に談合を唆す（そそのかす）こと	5年以下の懲役又は250万円以下の罰金
○事業者その他の者に予定価格その他の入札等に関する秘密を教示すること	
○その他の方法により、当該入札等の公正を害すべき行為を行ったとき	

●刑法による罰則
▶第五章　公務の執行を妨害する罪

第95条	公務執行妨害及び職務強要
第96条	封印等破棄
第96条の2	強制執行妨害目的財産損壊等
第96条の3	強制執行行為妨害等
第96条の4	強制執行関係売却妨害
第96条の5	加重封印等破棄等
第96条の6	公契約関係競売等妨害

【偽計入札妨害罪】
偽計又は威力を用いて、公の競売又は入札で契約を締結するためのものの公正を害すべき行為をした者は、3年以下の懲役若しくは250万円以下の罰金に処し、又はこれを併科する。
2　公正な価格を害し又は不正な利益を得る目的で、談合した者も、前項と同様とする。

【著者紹介】

樋口満雄（ひぐち・みちお）
　　一般社団法人日本経営協会専任コンサルタント
　　（元）国分寺市副市長

1950年新潟県十日町市（旧中里村）生まれ。都市銀行勤務の後、東京都国分寺市役所に入庁。会計課・財政課・職員課・介護保険課・政策経営課・政策部長・副市長を経験する中で、業務の電算化、効率化など一貫した行政改革に取組む。介護保険制度の独特の取組みは全国から注目を浴びる。平成19年度から平成26年度までの間、臨時財政対策債の発行をゼロ（発行可能額82億円）に抑える。
現職時代から自治体の人材育成に関わり、退職後は一般社団法人日本経営協会専任コンサルタントとして活動している。
専門分野は、財務会計制度、自治体の契約事務、自治体の公有財産管理、公務員倫理とコンプライアンス、事業のスクラップと再構築、政策形成と政策法務など。

【著書】
『図解よくわかる自治体の契約事務のしくみ』（学陽書房）2019年8月

【論文等】
「自治体の予算編成と施策の収支計算」『自治体の施策と費用』（鳴海正泰編著・学陽書房）1988年10月　部分執筆
「予算審議と決算認定」『21世紀の地方自治戦略・地方政治と議会』（西尾勝・岩崎忠夫編集・ぎょうせい）1993年4月　部分執筆
「公営ギャンブルの構造と自治体」『パブリック・マネー』（年報自治体学会第2号・自治体学会編・良書普及会）1990年3月　部分執筆
「介護保険の苦情相談」『実践Q&A介護保険の苦情対応』（東京法令出版）2000年10月　部分執筆

場面別でわかる！　ミスと不正を防ぐ！
自治体契約事務のチェックポイント

初版発行	2021年4月22日
5刷発行	2024年7月25日

著　者―――――――――――――――――――樋口　満雄
発行者―――――――――――――――――――佐久間重嘉
発行所―――――――――――――――――――学 陽 書 房

〒102-0072　東京都千代田区飯田橋1-9-3
営業●TEL 03-3261-1111　FAX 03-5211-3300
編集●TEL 03-3261-1112　FAX 03-5211-3301
http://www.gakuyo.co.jp/

装丁／佐藤博　DTP制作・印刷／東光整版　製本／東京美術紙工

★乱丁・落丁本は、送料小社負担にてお取り替えいたします。
ⓒ Michio Higuchi 2021, Printed in Japan
ISBN 978-4-313-16168-9 C2033

図解よくわかる　自治体の
契約事務のしくみ

樋口満雄［著］
定価＝2,750円（10%税込）

異動等ではじめて契約事務に携わる人に向けて、契約事務の全体像を示し、基本原則、予算執行と契約の関係、入札と契約のつながり・手続き、委託契約などの実務を図解でやさしく、わかりやすく描いた。

マンガでわかる！
自治体予算のリアル

定野司［著］・伊藤隆志［画］
定価＝2,090円（10%税込）

自治体予算はどう作られてどう使われるのかをマンガで描いた初めての本。市民課職員を主人公にして、予算の機能や人・組織の動きを各章マンガと解説の二本立てで詳解！　財政課長経験者の現職教育長とマンガの描ける自治体職員が予算の現場をリアルに描く！

地方公務員の
人事がわかる本

圓生和之［著］定価＝2,420円（10%税込）

どんな人が昇任するのか？　どんな選抜システムがあるのか？　地方公務員なら誰もが知りたい、公務員人生を左右する人事の実情や昇任のしくみがわかる！　公務員の実態が気になる新規採用職員の方々にオススメの本！